2024 全国技术市场统计年报

吕先志　李有平　主　编

孙启新　刘碧波　副主编

电子工业出版社·

Publishing House of Electronics Industry

北京·BEIJING

内 容 简 介

本书基于全国技术合同认定登记数据，全面呈现 2023 年全国技术合同交易及国家技术转移机构的运行情况。本书从技术领域、合同类型、知识产权、科技计划、登记区域等多维度深入剖析技术合同数据，归纳交易特点与发展趋势，并重点关注京津冀地区、长三角地区、粤港澳大湾区等地区在技术交易支撑国家区域发展战略中的作用。同时，本书梳理了技术市场基础设施的建设现状，系统分析技术（产权）交易机构、国家技术转移机构等关键服务主体的发展情况。本书亦深入分析了含"一带一路"在内的海外技术交易趋势。最后，本书整理并形成了年度技术市场大事记，为行业研究和政策制定提供重要参考。

图书在版编目（CIP）数据

2024 全国技术市场统计年报 / 吕先志，李有平主编 .
北京 ： 电子工业出版社，2025. 4. -- ISBN 978-7-121
-50127-2

Ⅰ . F723.84

中国国家版本馆 CIP 数据核字第 2025CR9805 号

责任编辑：王艳萍
印　　刷：中国电影出版社印刷厂
装　　订：中国电影出版社印刷厂
出版发行：电子工业出版社
　　　　　北京市海淀区万寿路 173 信箱　邮编　100036
开　　本：880×1 230　1/16　印张：8.25　字数：211.2 千字
版　　次：2025 年 4 月第 1 版
印　　次：2025 年 4 月第 1 次印刷
定　　价：68.00 元

编 委 会

编 写 组

编 写 说 明

　　本书中的数据是根据国家统计局批准的《技术市场统计调查制度》取得的调查资料,来源于"全国技术合同管理与服务系统""国家技术转移机构管理系统"。本书从技术输出与吸纳、知识产权结构、技术领域分布、科技计划项目、服务经济社会发展目标等方面,对技术合同数据进行了深入分析,总结了全国技术合同交易的特点和趋势,重点分析了京津冀地区、长三角地区、粤港澳大湾区等地区技术交易支撑国家区域发展战略的情况,对技术(产权)交易机构、国家技术转移机构等服务于技术交易的情况进行调查和分析,整理技术市场大事记,选编近年来全国各地促进科技成果转化出台的相关政策。2024 年全国技术市场统计工作涉及 31 个省(自治区、直辖市)和新疆生产建设兵团、5 个计划单列市、10 个副省级城市、420 家国家技术转移机构和 26 家技术(产权)交易机构。

目录 CONTENTS

第一部分

技术交易总体概述

一、总体情况

（一）技术合同成交总金额再创新高

2023 年，我国技术市场交易持续向好发展，全年技术合同成交总金额达到 61475.6 亿元。交易总量再创新高，显示出我国科技成果转化和技术交易市场的巨大潜力和活力。合同成交总金额较上年增长 28.6%，连续 6 年保持 25% 以上的增速；合同项数较上年增长 22.5%，高于 2022 年 15.2% 的增长率，科技成果正加速转化为生产力。平均单项技术合同成交金额由 2022 年的 618.6 万元上升至 649.9 万元，平均规模上升 5.0%，技术交易向着高附加值、高技术含量的方向发展（见图 1-1、图 1-2）。

（二）技术合同成交总金额占全社会研发支出和 GDP 的比重持续增长

技术合同成交总金额占全社会研发支出[1]和 GDP 的比重持续增长。2023 年，技术合同成交总金额与国内生产总值（GDP）比值为 4.9%，较上年提高 1 个百分点。技术合同成交总金额与全社会研发支出比值为 184.7%，较上年提高 29.4 个百分点（见图 1-3）。科技成果在经济活动中的贡献度显著提升，技术转移和商业化的进程持续加快。

1　全社会研发支出，即全社会研究与试验发展（R&D）经费。

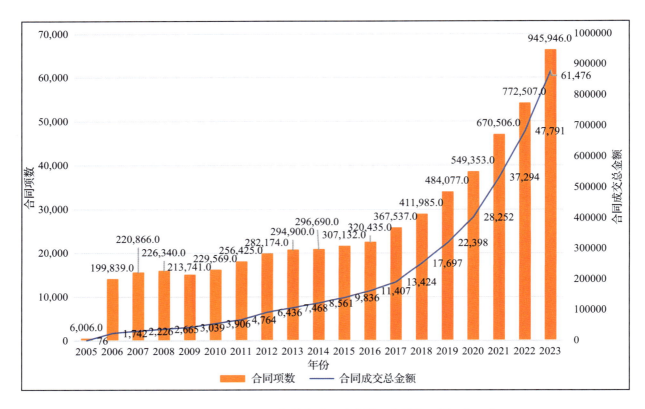

图 1-1　2005—2023 年技术合同成交情况（单位：项、亿元）

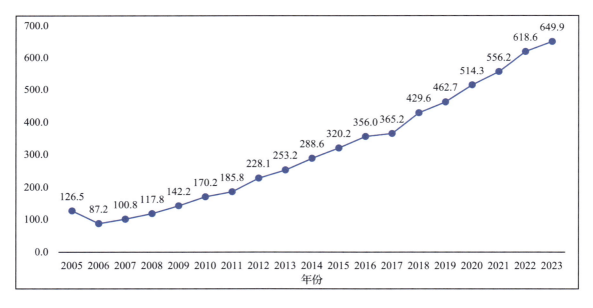

图 1-2　2005—2023 年平均单项技术合同成交额（单位：万元）

图1-3　2005—2023年技术合同成交总金额占GDP、全社会研发支出比值（单位：%）

二、特点分析

（一）重点产业领域技术交易高频活跃，科技创新支撑产业发展能力不断增强

2023年，各地区各部门加快建设现代化产业体系，高端化、智能化、绿色化转型扎实推进，重点产业技术合同成交额实现快速增长，未来产业相关技术应用场景不断拓展。一是信息产业和制造业技术交易活跃突出。2023年，信息产业和制造业技术合同成交额分别为8960.4亿元和1.83万亿元，同比分别增长26.9%和42.5%，两者占到全国技术合同成交总金额的44.4%，信息产业和制造业技术创新产出占比连续10年保持在40%左右。科技创新助推制造业"智能化"转型升级，2023年，先进制造自动化技术合同达2.3万项，同比增长37.8%，先进制造数字化专业设备技术合同成交额达126.3亿元，同比增长26.9%。二是重点领域技术创新成果加速流动。近年来，我国科技创新能力稳步提高，在载人航天、核电、大飞机制造等重点产业领域的一系列重大成果进入市场流通。全年核应用和航空航天领域技术合同成交额增幅较大，同比分别增长133.7%和48.6%。其中，C919大飞机相关配套技术合同近20项，合同成交额突破22.4亿元，平均单项合同成交额达1亿元。集成电路领域关键技术攻坚及产业化加速推进，相关技术合同成交额达681.7亿元，实现105%的快速增长。三是绿色和新能源技术交易成为新增长点。科技创新支撑绿色发展跑出"加速度"，新能源与节能环保领域技术合同成交额达9976.9亿元，保持34%的快速增长。新能源汽车、锂电池、光伏产品"新三样"相关技术合同超过9000项，同比增长55%；技术合同成交额近2000亿元，同比增长129%。四是未来产业相关技术应用场景不断拓展。2023年，人工智能相关技术合同超过7000项，合同成交额达466.5亿元；6G相关技术合同65项，合同成交额达12.8亿元；元宇宙相关技术合同244项，合同成交额达8.5亿元，未来产业相关技

加速成果转化，技术创新和产业创新不断融合，为发展新质生产力夯实了基础、注入了动力。

（二）企业创新韧性和活力持续增强，各类主体协同创新格局加快形成

当前，企业创新面临需求收缩、供给冲击、预期转弱三重压力，但从全国技术交易情况来看，2023 年企业技术交易主体达 10.1 万家，其中新增交易主体 2.5 万家，增幅达到 33.2%，企业展现出较强的创新韧性和活力。一是企业保持技术输出和吸纳的绝对主体地位。企业技术交易主体全年共输出技术合同 64.7 万项，合同成交额达 5.75 万亿元，占全国技术合同成交总金额的 93.5%；吸纳技术合同 69.6 万项，合同成交额达 5 万亿元，占全国技术合同成交总金额的 81.3%。其中，华为技术有限公司全年共吸纳技术合同 4660 项，合同成交额为 975.3 亿元，吸纳合同项数和金额位均居全国第一。企业创新活力持续释放，加速集聚各类创新资源，作为出题人、答题人和阅卷人的地位不断夯实。二是中小微企业正在成为技术创新生力军。2023 年，中小微企业技术创新能力显著提升，全年输出技术合同成交额达 2.71 万亿元，同比增长 42%。同时，中小微企业间技术交易保持高频活跃，技术合同成交达 32.2 万项，占企业间技术合同成交总数的 65.2%。大企业与中小微企业间技术合作不断加强，大企业全年购买中小微企业技术 4.5 万项，占吸纳技术合同项数的 34.3%，产业链上中下游、大中小微企业融通创新格局加快形成。三是大企业不断强化科技创新能力，开放创新路径。2023 年，大企业主动规划科技发展路径，全年大企业技术开发合同成交额达 4532.1 亿元，同比增长 20.3%，增速较上年提高 15 个百分点，其中，委托高校及科研院所技术开发合同成交额为 230 亿元，同比增长 17.4%，远高于 2022 年的 1.8% 的增速，主动担任创新组织者，以核心技术的创新提升产业链条中的竞争力正逐渐成为大企业的共识。

（三）高校及科研院所与企业产学研合作持续深化，工科高校成为全国高校成果转化的"领头羊"

2023 年，高校及科研院所科研人员创新活力动力持续释放，共输出技术合同 25.5 万项，合同成交额达 2720.6 亿元，同比分别增长 19.5% 和 33.3%，在服务支撑高水平科技自立自强，推进新型工业化中取得新突破。一是高质量、高价值科技成果持续产出。2023 年高校及科研院所涉及知识产权技术合同成交额达 1188 亿元，同比增长 38.9%，其中集成电路布图设计专有权技术合同成交额增速最为明显，同比增长 142.7%。同时，高校及科研院所科技成果价格有所提升，平均每项技术合同成交额同比增长 11.6%，单项价格超过 1000 万元的技术合同达 1430 项，较上年增加 124 项。二是工科高校成为全国高校成果转化的"领头羊"。2023 年，全国高校输出技术合同成交额前十名多数为工科高校，前十所高校输出技术合同金额达 232.5 亿元，占全国高校输出技术合同成交额的 23.9%，领跑全国高校科技成果转化。其中西北工业大学以 33.32 亿元位居全国高校输出技术合同成交额首位。三是企业主导的产学研合作持续深化。2023 年，高校及科研院所向企业输出技术合同 17.6 万项，技术合同成交额达 1337.3 亿元，占高校及科研院所输出技术合同成交额的 49.2%。从合同类型来看，技术开发是主流的产学研合作模式，全年高校及科研院所接受企业委托技术开发合同成交额达 769.4 亿元，占高校及科研院所技术开发合同成交额的六成。

技术转让和技术许可合同成交额增幅较大，同比增长 32.2%，主要集中在生物医药、医疗器械和新材料技术领域，其中 320 余项科技成果以超过 1000 万元的价格转让或许可给有关企业，高校及科研院所科技成果与产业需求契合度不断提高。

（四）重点区域技术成果交易活跃，区域间协同创新加快推进

2023 年，京津冀地区、长三角地区、粤港澳大湾区等国家重点发展区域技术交易持续活跃，中心城市科创高地辐射带动作用日益提升。一是京津冀协同创新共同体建设加快推进，区域技术创新活力不断提升。京津冀地区输出技术合同成交额达 1.22 万亿元，占全国的 19.9%。北京呈现较强辐射效应，全年输出河北和天津技术合同成交额达 748.7 亿元，同比增长 110%，主要集中在信息产业；"京津研发、河北转化"持续推进，河北从京津吸纳技术合同成交额为 810.1 亿元，占到全省吸纳技术合同成交额的 40%。二是长三角地区制造业创新需求旺盛，三省一市技术输出和技术吸纳能力同步提升。全年输出和吸纳技术合同成交额达 1.59 万亿元和 1.02 万亿元，占全国的 25.9% 和 16.6%，释放出巨大的市场潜能。其中，江苏制造业技术合同成交额连续 6 年保持全国第一，浙江省制造业技术合同成交额异军突起，实现 132.9% 的高速增长。三是粤港澳大湾区技术虹吸效应持续增强，香港特别行政区、澳门特别行政区与内地合作不断深化。全年吸纳技术合同成交额达 5931.4 亿元，占全国的 9.6%，主要集中在电子信息技术领域。深圳、广州成为粤港澳大湾区创新发展的重要引擎，吸纳技术合同成交额为 4207.4 亿元，占粤港澳大湾区的比例超过 70%。同时，香港特别行政区、澳门特别行政区与内地技术交易更加频繁，合作更加紧密，全年向内地输出技术合同成交额为 117.5 亿元，同比增长 57.7%。

第二部分

技术交易构成

一、分技术领域：向新兴、高科技和战略性领域转移

2023 年技术合同成交额排名前三的技术领域包括：城市建设与社会发展、电子信息、先进制造，三者成交额之和占全国的 59.0%。其中，城市建设与社会发展领域技术合同成交额达到 12605.1 亿元，同比增长 29.4%。这与智慧城市、绿色建筑和城市基础设施升级等城市建设领域的技术创新需求快速增长直接相关。电子信息领域的技术合同成交额达到 11985.5 亿元，同比增长 24.6%。电子信息领域的持续扩张体现了信息技术在推动数字经济和新兴产业发展中的重要地位。先进制造领域技术合同成交额达到 11662.0 亿元，同比增长 39.8%。高占比的同时保持高增速，显示出智能制造、自动化设备和高端装备制造在推动我国工业现代化中发挥的重要作用。

从 2023 年增速来看，我国技术交易市场从传统技术向新兴、高科技和战略性领域转移。技术合同成交额同比增速在 40% 以上的技术领域包括：核应用，新能源与高效节能，航空航天，生物、医药和医疗器械。现代交通领域技术交易总额下滑，公路、水运、海运和空运领域技术合同成交额下降 16.0%。技术交易快速增长的领域均围绕国家产业需求的重点领域的技术研发、成果转化和延伸服务展开，这些领域的技术突破推动了市场需求的快速释放（见图 2-1、附表 3）。

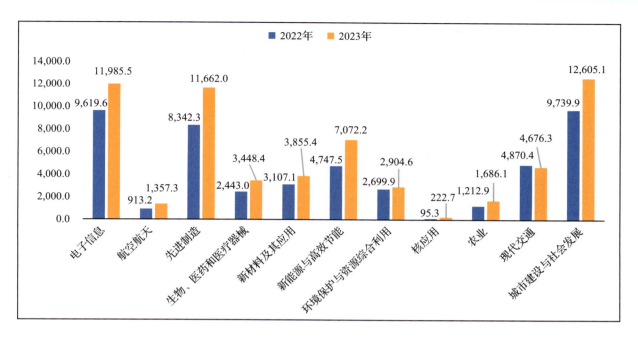

图 2-1　2022 年、2023 年技术交易领域构成（单位：亿元）

二、分合同类型：技术许可合同快速上升

分合同类型看，2023 年技术服务合同成交额保持第一，较上年增长 28.5%，占全国技术合同成交总金额的 60.0%；技术开发合同成交额次之，较上年增长 28.2%，占全国技术合同成交总金额的 29.2%。2023 年是技术许可合同从技术转让合同中拆分出来的第二年，相较上一年，技术转让合同成交额下降 29.7%，技术许可合同成交额上升 2602.7%（见图 2-2、附表 2）。

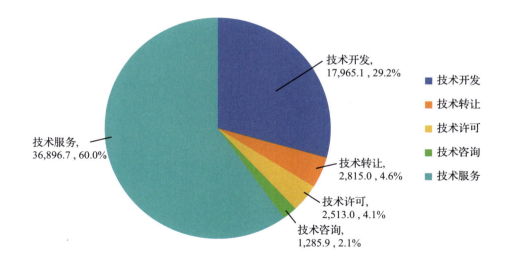

图 2-2　2023 年技术合同类别构成（单位：亿元）

2023 年，平均单项技术合同成交额（简称平均成交额）最高的类别为技术许可合同，平均成交额达到 2306.7 万元；其次是技术转让合同，平均成交额为 774.3 万元。相比之下，技术咨询合同的平均成交额最低。这一差异反映了不同类型技术合同的交易质量和复杂性。技术许可和技术转让合同通常涉及高价值的核心技术和专利，因此平均成交额相对较高。而技术咨询合同多涉及服务性建议或支持，其技术深度和附加值相对较低（见图 2-3）。

图 2-3　2022—2023 年各技术合同类别平均单项技术合同成交额（单位：万元）

技术转让合同更多地聚焦于技术所有权的转让，而技术许可合同则侧重于技术使用权的授权。对比技术转让合同和技术许可合同，技术转让合同主要由技术秘密转让、专利权转让、专利实施许可转让构成，三者成交额占技术转让合同成交额的比重为 90%（见图 2-4）。技术许可合同主要由专利实施许可和技术秘密使用许可构成，两者成交额占技术许可合同成交额的比重超 90%（见图 2-5）。

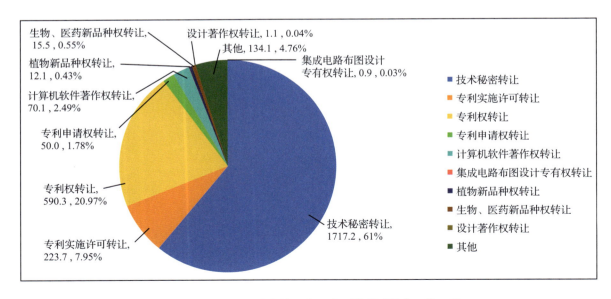

图 2-4　2023 年技术转让合同类别构成（单位：亿元）

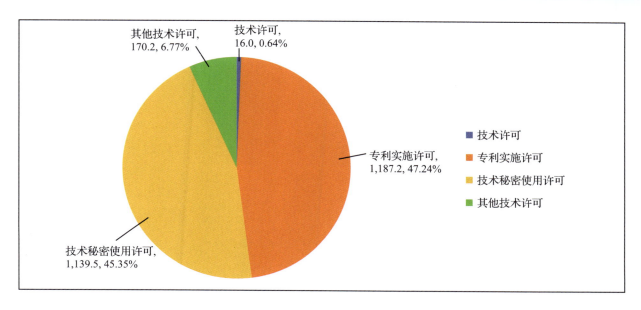

图 2-5　2023 年技术许可合同类别构成（单位：亿元）

三、分知识产权：技术秘密占比最高

2023 年，涉及知识产权的技术合同共成交 277035 项，成交额为 21661.1 亿元，成交额占全国技术合同成交总金额的 35.2%。涉及知识产权的技术合同中，成交额最高的知识产权类型分别是技术秘密、专利和计算机软件著作权，其中：

技术秘密合同成交 129545 项，成交额为 9207.4 亿元，占全国技术合同成交总金额的 14.98%，同比增长 12.4%。其中，未涉及专利的技术秘密合同成交额占比最高，合同共 116924 项，成交额为 7206.8 亿元，成交额占技术秘密合同成交额的 78.3%。

专利合同 68582 项，成交额为 8935.2 亿元，占全国技术合同成交总金额的 14.53%，成交额同比增长 22.5%。其中，发明专利合同成交额占比最高，合同共 42097 项，成交额为 5754.5 亿元，占专利合同成交额的 64.4%。实用新型专利合同数共 25776 项，成交额为 3136.5 亿元，占专利合同成交额的 35.1%。外观设计专利合同共 709 项，成交额为 44.2 亿元，占专利合同成交额的 0.5%。

计算机软件著作权合同 64258 项，成交额为 2218.6 亿元，占全国技术合同成交总金额的 3.61%，成交额同比增长 21.9%。设计著作权的技术交易合同共 4993 项，成交额 691.6 亿元，占全国技术合同成交总金额的 1.13%，成交额同比增长 78.0%。生物、医药新品种合同增长最快，合同数共 5547 项，成交额为 519.3 亿元，占全国技术合同成交总金额的 0.84%，成交额同比上升 136.8%，增速最快（见图 2-6、附表 7）。

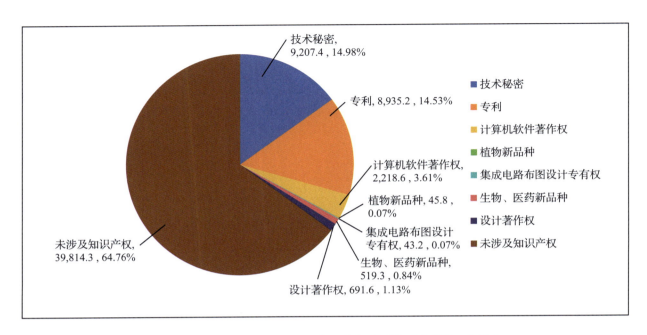

图 2-6 2023 年全国技术交易知识产权类别构成（单位：亿元）

四、分科技计划：地市县计划项目成交额保持首位

2023 年，科技计划外技术交易合同成交额为科技计划内技术交易合同成交额的 5 倍以上。科技计划内技术交易合同共计 144738 项，成交额 9721.7 亿元，占 2023 年全部技术交易合同成交总金额的 15.81%。地市县计划项目成交额保持首位，为 5689.7 亿元，占各类科技计划项目成交额总量的 58.5%，高于 2022 年的 46.3%；省、自治区、直辖市及计划单列市、新疆兵团计划项目成交额居第二位，为 3026.3 亿元，占各类科技计划项目成交额总量的 31.1%；部门计划成交额居第三位，为 732.3 亿元，占各类科技计划项目成交额总量的 7.5%。国家科技计划项目成交额为 214.9 亿元，占各类科技计划项目成交额总量的 2.2%，其中国家科技重大专项和自然科学基金以及基础研究计划（973 计划）、国家重大科学研究计划成交额排前三位（附表 12 中"其他"为表中具体计划之外的汇总计划，非单一计划），分别为 70.0 亿元、35.1 亿元和 7.7 亿元（见图 2-7、表 2-1、附表 12）。

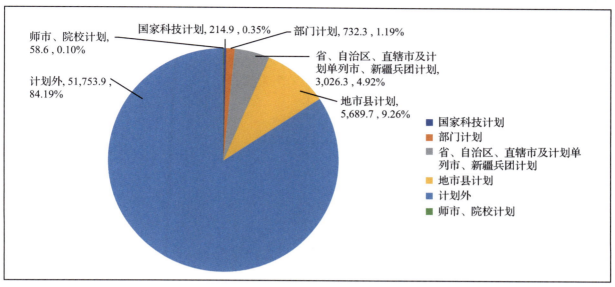

注：根据书中需求小数点保留不一致，导致数据稍有误差，全书同。

图 2-7　2023 年全国技术交易项目计划类别构成（单位：亿元）

表 2-1　2023 年国家科技计划各类技术项目成交情况

国家科技计划	合同数 / 项	成交额 / 亿元
国家高技术研究发展计划（863 计划）	136	4.2
国家科技重大专项	696	70.0
基础研究计划（973 计划）、国家重大科学研究计划	161	7.7
星火计划	15	0.1
火炬计划	51	1.8
国家重点新产品计划	61	3.2
科技型中小企业技术创新基金	72	3.8
国家农业科技成果转化资金	11	0.3
科技兴贸行动计划	0	0.0
国家软科学研究计划	5	0.0
国际科技合作计划	11	0.4
国家科技支撑计划	74	2.5
科技基础条件平台建设	25	3.7
科技富民强县专项行动计划	1	0.0
科研院所技术开发研究专项资金	39	0.3
国际热核聚变实验堆（ITER）计划专项	1	0.0

续表

国家科技计划	合同数 / 项	成交额 / 亿元
自然科学基金	5,405	35.1
科技惠民计划	9	0.1
其他	793	81.6
小计	7,566	214.9

五、分登记区域：优势省份成交稳定

全国大部分省（市）登记技术合同成交额保持增长。2023 年技术合同成交额排名前 10 位的省（市）依次为北京市、上海市、湖北省、浙江省、江苏省、山东省、广东省、陕西省、湖南省、安徽省，与上年技术合同成交额排名前 10 位的省（市）相同。排名前 10 位省（市）的技术合同成交额总和占全国的 78.5%，与上年基本持平。技术合同成交额增速最快的前 10 位的省（市）依次为西藏自治区、新疆维吾尔自治区、江西省、吉林省、浙江省、河北省、湖北省、湖南省、海南省、山东省（见表 2-2）。

表 2-2 2022—2023 年全国（不含港、澳、台）技术合同认定登记情况

省（市）	2022 年		2023 年	
	合同数 / 项	成交额 / 亿元	合同数 / 项	成交额 / 亿元
北京市	95,061	7947.5	106,552	8536.9
天津市	12,514	1676.5	15,107	1957.4
河北省	15,246	1009.7	22,613	1789.9
山西省	1,257	162.6	1,751	224.0
内蒙古自治区	1,527	52.5	2,219	61.7
辽宁省	18,687	1000.2	26,490	1308.3
吉林省	2,564	52.6	5,624	99.3
黑龙江省	6,622	463.5	7,657	117.5
上海市	38,265	4003.5	50,824	4850.2
江苏省	87,353	3888.6	93,684	4607.3
浙江省	43,627	2546.5	76,010	4616.0
安徽省	30,630	2912.6	30,762	3670.0
福建省	17,324	289.5	21,175	375.5
江西省	10,255	758.2	17,081	1595.7

续表

省（市）	2022 年		2023 年	
	合同数 / 项	成交额 / 亿元	合同数 / 项	成交额 / 亿元
山东省	55,680	3256.0	71,855	4602.3
河南省	22,445	1025.3	24,905	1367.4
湖北省	77,402	3040.7	98,844	4802.2
湖南省	45,780	2544.6	55,295	3995.3
广东省	47,892	4525.4	49,604	4438.1
广西壮族自治区	5,047	227.4	3,929	89.6
海南省	1,991	36.4	3,263	53.3
重庆市	6,919	630.5	11,281	865.1
四川省	23,620	1649.8	28,396	1951.6
贵州省	8,554	390.7	11,536	491.1
云南省	7,514	219.2	14,179	269.4
西藏自治区	194	6.2	304	17.8
陕西省	68,546	3053.5	69,723	4121.0
甘肃省	13,241	338.6	14,148	468.1
青海省	1,133	16.0	1,515	19.3
宁夏回族自治区	3,594	34.4	4,149	40.5
新疆维吾尔自治区	2,023	32.1	5,471	73.6
合计	772,507	47791.0	945,946	61475.7

注：港澳台地区的数据未收录。

（一）分省份技术输出与吸纳：北京市技术输出规模领先全国，广东省技术吸纳成交额最高

2023 年，技术输出方面，北京市、湖北省、上海市输出技术合同成交额领先全国，湖北省取代广东省成为输出技术合同成交额全国第二名。2023 年，北京市、湖北省、上海市共成交技术合同 255250 项，占全国技术合同总成交项数的 27.0%；成交额为 17950.4 亿元，占全国技术合同成交总金额的 29.2%。

2023 年，全国输出技术合同成交额排名前十的省（市）依次为北京市、湖北省、上海市、山东省、浙江省、陕西省、湖南省、广东省、安徽省、江苏省。以上十个省（市）技术合同成交合计 699143 项，占全国技术合同总成交项数的 73.9%；成交额合计 45732.4 亿元，占全国技术合同成交总金额的 74.4%（见表 2-3）。此外，部分省（市）的技术合同成交额增长表现突出，新疆

维吾尔自治区、吉林省增速超过100%，江西省、河北省、浙江省、海南省、香港特别行政区、湖北省、湖南省增速超过50%（见附表5）。

表2-3　2023年全国各省（市）输出技术合同成交额前10位

排名	卖方省份	合同数／项	成交额／亿元
1	北京市	106,552	8536.9
2	湖北省	98,452	4771.2
3	上海市	50,246	4642.3
4	山东省	71,591	4554.7
5	浙江省	75,361	4323.7
6	陕西省	69,716	4118.5
7	湖南省	55,268	3989.8
8	广东省	48,256	3866.8
9	安徽省	30,697	3597.6
10	江苏省	93,004	3331.0

2023年，技术吸纳方面，吸纳技术合同成交额的前三位仍为广东省、江苏省、北京市。全国吸纳技术合同成交额排名前十的省（市）依次为广东省、江苏省、北京市、山东省、浙江省、湖北省、安徽省、湖南省、上海市、陕西省。以上十个省（市）技术合同成交合计655508项，占全国技术合同总成交项数的69.3%；成交额合计40502.0亿元，占全国技术合同成交总金额的65.9%（见表2-4）。技术合同成交额增速超过50%的省（市）包括江西省、湖南省、甘肃省、湖北省、吉林省、河北省、青海省、澳门特别行政区（见附表6）。

表2-4　2023年全国各省（市）吸纳技术合同成交额前10位

排名	买方省份	合同数／项	成交额／亿元
1	广东省	73,507	5958.1
2	江苏省	87,782	5347.8
3	北京市	81,054	5024.7
4	山东省	68,462	4592.1
5	浙江省	78,866	4562.4
6	湖北省	88,861	3760.1
7	安徽省	35,216	3521.5
8	湖南省	45,325	3126.7
9	上海市	51,955	2362.8
10	陕西省	44,480	2245.8

（二）计划单列市技术输出与吸纳：深圳市成交额最高，宁波市增幅最大

5 个计划单列市输出技术增长迅速，输出技术合同共 47100 项，成交额为 3302.1 亿元，成交额同比增长 32.6%。其中，深圳市输出技术合同数和成交额分别为 16528 项、1229.6 亿元，均位居计划单列市之首；宁波市输出技术合同成交额 802.7 亿元，同比增长 132.7%，成交额增速在计划单列市中排名第一（见表 2-5、附表 5）。

5 个计划单列市吸纳技术合同共 59254 项，成交额为 4526.2 亿元，成交额同比增长 34.8%。其中，宁波市、深圳市、青岛市技术合同成交额实现较大幅度增长，成交额分别为 790.6 亿元、2781.4 亿元、633.3 亿元，同比增速分别为 71.1%、35.5%、29.6%。（见表 2-5 、附表 6）。

表 2-5　2023 年计划单列市技术合同成交情况

计划单列市	吸纳技术		输出技术	
	合同数 / 项	成交额 / 亿元	合同数 / 项	成交额 / 亿元
大连市	7,477	166.9	8,846	490.4
宁波市	8,863	790.6	5,378	802.7
厦门市	6,055	154.1	7,814	162.7
青岛市	8,265	633.3	8,534	616.8
深圳市	28,594	2781.4	16,528	1229.6
合计	59,254	4526.2	47,100	3302.1

（三）副省级城市技术输出与吸纳：西安市输出技术、吸纳技术成交额均居首位

2023 年，西安市输出技术合同成交额居首位。10 个副省级城市输出技术合同成交额总和为 13776.4 亿元，同比增长 24.3%。其中，输出技术合同成交额居前三位的分别是西安市、广州市和武汉市，成交额分别为 3900.1 亿元、2382.2 亿元和 2172.1 亿元，增速分别为 35.4%、−3.7%、59.7%，广州市输出技术合同成交额较上年有小幅下滑（见表 2-6、附表 5）。

西安市吸纳技术合同成交额也位居首位。10 个副省级城市吸纳技术合同共 170401 项，成交额为 8264.7 亿元。从吸纳技术合同成交额规模来看，排名首位的西安市成交额为 1434.7 亿元，广州市、杭州市、南京市吸纳技术合同也超过千亿元，分别为 1426.0 亿元、1198.5 亿元、1044.8 亿元。从吸纳技术合同成交额增速来看，长春市、济南市、西安市为副省级城市前三名，同比增速分别为 67.0%、55.0%、40.7%（见表 2-6、附表 6）。

表 2-6 2023 年副省级城市技术合同成交情况

副省级城市	吸纳技术		输出技术	
	合同数 / 项	成交额 / 亿元	合同数 / 项	成交额 / 亿元
沈阳市	8,303	316.8	12,687	634.6
长春市	5,999	186.9	4,578	74.1
哈尔滨市	4,674	80.1	5,171	50.6
南京市	23,866	1044.8	35,464	971.3
杭州市	26,780	1198.5	30,709	1187.8
济南市	13,732	795.3	19,690	894.1
武汉市	20,651	829.8	34,367	2172.1
广州市	19,064	1426.0	19,883	2382.2
成都市	18,062	951.9	20,319	1509.6
西安市	29,270	1434.7	64,361	3900.1
合计	170,401	8264.7	247,229	13776.4

（四）分地区技术输出与吸纳：东部地区交易规模最大，中部地区增速明显

2023 年，东部地区技术交易规模再创新高。东部地区全年输出技术合同 506614 项，较上年增长 23.1%；成交额为 33348.7 亿元，较上年增长 21.8%，在全国技术合同成交总金额中的占比为 54.2%。东部地区全年吸纳技术合同 506823 项，较上年增长 18.4%；成交额为 31966.9 亿元，较上年增长 22.5%，在全国技术合同成交总金额中的占比为 52.0%。北京市是东部地区最大的技术交易输出地，输出技术合同成交额在东部地区输出技术合同成交额中的占比为 25.6%；广东省是东部地区最大的技术交易吸纳地，吸纳技术合同成交额在东部地区吸纳技术合同成交额中的占比为 18.6%；上海市输出技术合同成交额为 4642.3 亿元，增长 19.9%，由上年的第 3 位上升至第 2 位；浙江省输出技术合同成交额增速明显，较上年增长 77.6%；河北省吸纳技术合同成交额增速明显，较上年增长 52.3%（见表 2-7）。

表 2-7 2023 年东部地区技术交易流向情况

省份 （直辖市）	输出技术				吸纳技术			
	合同数 / 项	成交额 / 亿元	成交额 增长 /%	成交额 排名	合同数 / 项	成交额 / 亿元	成交额 增长 /%	成交额 排名
北京市	106552	8536.9	7.4	1	81054	5024.7	22.2	3
上海市	50246	4642.3	19.9	2	51955	2362.8	23.1	6

续表

省份（直辖市）	输出技术				吸纳技术			
	合同数/项	成交额/亿元	成交额增长/%	成交额排名	合同数/项	成交额/亿元	成交额增长/%	成交额排名
山东省	71591	4554.7	40.9	3	68462	4592.1	36.2	4
浙江省	75361	4323.7	77.6	4	78866	4562.4	46.6	5
广东省	48256	3866.8	-2.5	5	73507	5958.1	11.3	1
江苏省	93004	3331.0	11.5	6	87782	5347.8	4.3	2
天津市	14854	1928.6	16.8	7	12939	1009.9	28.9	8
河北省	22553	1783.1	77.6	8	24272	2029.7	52.3	7
福建省	20938	329.0	26.8	9	22431	718.9	2.9	9
海南省	3259	52.6	66.7	10	5555	360.4	30.8	10
合计	506614	33348.7	21.8		506823	31966.9	22.5	

中部地区输出、吸纳技术交易增速明显。中部地区全年输出技术合同227998项，较上年增长21.9%；成交额为15529.9亿元，较上年增长50.1%，在全国技术合同成交总金额中的占比为25.3%。中部地区全年吸纳技术合同221606项，较上年增长29.2%；成交额为13787.4亿元，较上年增长52.4%，在全国技术合同成交总金额中的占比为22.4%。湖北省输出技术合同成交数、成交额继续领跑中部地区；吸纳技术合同成交额为3760.1亿元，较上年增长63.6%，由上年的第2位上升至第1位。江西省输出技术合同成交额、吸纳技术合同成交额均成倍增长，分别较上年增加116.0%、99.1%（见表2-8）。

表2-8　2023年中部地区技术交易流向情况

省份（直辖市）	输出技术				吸纳技术			
	合同数/项	成交额/亿元	成交额增长/%	成交额排名	合同数/项	成交额/亿元	成交额增长/%	成交额排名
湖北省	98452	4771.2	58.5	1	88861	3760.1	63.6	1
湖南省	55268	3989.8	56.9	2	45325	3126.7	86.5	3
安徽省	30697	3597.6	25.1	3	35216	3521.5	31.9	2
江西省	16978	1584.9	116.0	4	19171	1595.4	99.1	4
河南省	24863	1362.6	33.5	5	25279	1370.1	28.5	5
山西省	1740	223.9	38.7	6	7754	413.7	-22.9	6
合计	227998	15529.9	50.1		221606	13787.4	52.4	

西部地区吸纳技术合同成交额高于输出技术。2023 年，西部地区输出技术合同 166652 项；成交额为 8286.1 亿元，同比增长 26.3%，占全国技术合同成交总金额的 13.5%。吸纳技术合同 171134 项，成交额为 10003.6 亿元，同比增长 23.5%，占全国技术合同成交总金额的 16.3%。陕西省、四川省输出和吸纳技术合同成交额在西部地区具有绝对优势。陕西省输出技术合同成交额为 4118.5 亿元，同比增长 35.1%，吸纳技术合同成交额为 2245.8 亿元，同比增长 41.2%，均排名西部地区第 1 位；四川省输出技术合同成交额为 1942.2 亿元，吸纳技术合同成交额为 1840.2 亿元，均排名西部地区第 2 位。两省的输出和吸纳技术合同成交额合计分别占西部地区的 73.1% 和 40.9%。新疆维吾尔自治区输出技术合同成交额增长表现亮眼。新疆维吾尔自治区输出技术合同成交额为 73.6 亿元，较上年增长 136.0%，增速居西部地区首位；吸纳技术合同成交额为 956.7 亿元，较上年增长 35.2%（见表 2-9）。

表 2-9　2023 年西部地区技术交易流向情况

省份（直辖市）	输出技术				吸纳技术			
	合同数/项	成交额/亿元	成交额增长/%	成交额排名	合同数/项	成交额/亿元	成交额增长/%	成交额排名
陕西省	69716	4118.5	35.1	1	44480	2245.8	41.2	1
四川省	28331	1942.2	18.2	2	30561	1840.2	20.9	2
重庆市	11234	718.5	28.4	3	12559	883.1	11.8	5
贵州省	11522	482.0	23.4	4	13624	708.4	37.3	6
甘肃省	14139	464.8	38.4	5	13764	1021.8	86.1	3
云南省	14152	268.9	22.8	6	16778	620.6	-16.3	9
广西壮族自治区	3907	88.9	-60.8	7	8257	645.8	11.1	8
新疆维吾尔自治区	5471	73.6	136.0	8	11372	956.7	35.2	4
内蒙古自治区	2215	61.0	18.9	9	8011	654.7	-4.0	7
宁夏回族自治区	4148	40.3	18.4	10	6661	143.5	36.6	11
青海省	1515	19.3	20.4	11	3425	197.5	51.3	10
西藏自治区	302	8.2	31.6	12	1642	85.5	-53.1	12
合计	166652	8286.1	26.3		171134	10003.6	23.5	

东北地区总体呈增长态势，吸纳技术合同成交额和输出技术合同成交额增长较上一年均有所放缓。2023 年，东北地区输出技术合同 39366 项，成交额为 1486.0 亿元，成交额同比增长 1.2%；吸纳技术合同 40285 项，成交额为 1642.2 亿元，成交额同比增长 28.2%；吸纳技术合同成交额高于输出技术合同成交额。辽宁省在东北地区技术交易中占据主导地位。2023 年，辽宁省输出技术合同 26159 项，成交额 1289.1 亿元，成交额同比增长 32.7%，成交额占东北地区输出技术合同成交额的 86.7%；吸纳技术合同 22911 项，成交额 1090.5 亿元，成交额同比增长 46.0%，成交额占东北地区吸纳技术合同成交额的 66.4%。吉林省吸纳技术增长突出，输出技术增速显著。吉林省吸纳技术合同成交额为 295.6 亿元，同比增长 57.8%，在东北地区排第 2 位；输出技术合同成交额为 84.0 亿元，同比增长 127.3%，增速居东北地区首位。黑龙江省输出技术合同成交额为 112.9 亿元，成交额同比下降 75.5%；吸纳技术合同成交额为 256.2 亿元，成交额同比下降 26.0%（见表 2-10）。

表 2-10　2023 年东北地区技术交易流向情况

省份（直辖市）	输出技术				吸纳技术			
	合同数 /项	成交额 /亿元	成交额增长 /%	成交额排名	合同数 /项	成交额 /亿元	成交额增长 /%	成交额排名
辽宁省	26159	1289.1	32.7	1	22911	1090.5	46.0	1
黑龙江省	7652	112.9	−75.5	2	9340	256.2	−26.0	3
吉林省	5555	84.0	127.3	3	8034	295.6	57.8	2
合计	39366	1486.0	1.2		40285	1642.2	28.2	

（五）分城市群技术输出与吸纳：区域间创新协同加快推进

2023 年，京津冀、长三角、粤港澳大湾区等国家重点发展区域技术交易持续活跃，中心城市科创高地辐射带动作用日益提升。

京津冀地区 2023 年输出技术合同成交额为 12248.6 亿元，吸纳技术合同成交额为 8064.4 亿元，技术输出大于吸纳。北京呈现较强辐射效应，输出技术合同成交额和合同数占比最大，为该地区的技术交易提供了核心支撑（见表 2-11）。

长三角地区相较京津冀和粤港澳大湾区，在技术输出和吸纳方面整体更为突出。其中上海市技术输出合同成交额为 4642.3 亿元，吸纳技术合同成交额为 2362.8 亿元。此外，长三角地区三省一市技术输出和吸纳能力同步提升，江苏省、浙江省、安徽省技术输出合同成交额略低于上海市，吸纳技术合同成交额略高于上海市（见表 2-12）。

粤港澳大湾区输出技术合同成交额 3967.6 亿元，吸纳技术合同成交额为 5931.4 亿元，技术需求大于技术供给。深圳市、广州市成为粤港澳大湾区创新发展的重要引擎，分别输出了 1229.6 亿元和 2382.2 亿元的技术合同，分别吸纳了 2781.4 亿元和 1426.0 亿元的技术合同（见

表 2-13）。香港特别行政区、澳门特别行政区与内地技术交易更加频繁，合作更加紧密，全年向内地输出技术合同成交额 117.5 亿元，同比增长 57.7%。

成渝地区双向技术合同成交额呈稳步增长态势，成都为技术合同净输出地区，重庆为净吸纳地区。成渝地区全年输出技术合同 31553 项，成交额为 2228 亿元，成交额同比增长 10.4%；吸纳技术合同 30621 项，成交额为 1835 亿元，成交额同比增长 18.6%（见表 2-14）。

表 2-11　2023 年京津冀地区技术合同成交情况

京津冀地区	输出技术		吸纳技术	
	合同数 / 项	成交额 / 亿元	合同数 / 项	成交额 / 亿元
北京市	106,552	8536.9	81,054	5024.7
河北省	22,553	1783.1	24,272	2029.7
天津市	14,854	1928.6	12,939	1009.9
合计	143,959	12248.6	118,265	8064.4

表 2-12　2023 年长三角地区技术合同成交情况

长三角地区	输出技术		吸纳技术	
	合同数 / 项	成交额 / 亿元	合同数 / 项	成交额 / 亿元
上海市	50,246	4642.3	51,955	2362.8
江苏省	93,004	3331.0	87,782	5347.8
浙江省	75,361	4323.7	78,866	4562.4
安徽省	30,697	3597.6	35,216	3521.5
合计	249,308	15894.6	253,819	15794.5

表 2-13　2023 年粤港澳大湾区技术合同成交情况

粤港澳大湾区	输出技术		吸纳技术	
	合同数 / 项	成交额 / 亿元	合同数 / 项	成交额 / 亿元
广州市	19,883	2,382.2	19,064	1,426.0
深圳市	16,528	1,229.6	28,594	2,781.4
珠海市	295	72.4	1,489	141.5
东莞市	692	12.9	2,130	131.2
惠州市	387	18.9	5,903	57.1
中山市	1,114	6.8	1,839	32.2

粤港澳大湾区	输出技术		吸纳技术	
	合同数 / 项	成交额 / 亿元	合同数 / 项	成交额 / 亿元
江门市	606	34.8	1,334	107.7
佛山市	1,094	71.0	1,552	518.9
肇庆市	5,326	21.3	7,113	248.9
香港特别行政区	139	116.4	520	452.4
澳门特别行政区	14	1.1	64	33.9
合计	48,633	3,967.6	80,751	5,931.4

表 2-14　2023 年成渝地区技术交易流向情况

成渝地区	输出技术		吸纳技术	
	合同数 / 项	成交额 / 亿元	合同数 / 项	成交额 / 亿元
成都市	20319	1509.6	18062	951.9
重庆市	11234	718.5	12559	883.1
总计	31553	2228	30621	1835

第三部分

技术交易参与主体

技术交易参与主体包括机关法人、事业法人、社团法人、企业法人、自然人和其他组织。企业法人技术输出和吸纳均居首位且持续增长，2023 年成交额分别为 57543.4 亿元、50285.7 亿元，较上年分别增长 28.5% 和 27.1%；以高等院校和科研机构为主的事业法人输出技术合同成交额 3125.6 亿元，高于吸纳技术合同成交额（2838.7 亿元）；机关法人技术引进力度持续加大，吸纳技术合同成交额为 6862.0 亿元，同比增长 39.1%（见表 3-1、附表 9、附表 13、附表 14）。

表 3-1　2023 年技术交易双方主体构成（单位：亿元）

卖方	买方						
	机关法人	事业法人	社团法人	企业法人	自然人	其他组织	合计
机关法人	159.4	1.7	0.0	32.8	0.0	4.8	198.6
事业法人	506.7	931.7	2.4	1,545.9	5.9	133.1	3,125.6
社团法人	4.2	2.2	1.1	100.6	0.0	4.3	112.4
企业法人	6,150.3	1,896.5	43.7	48,205.4	104.9	1,142.6	57,543.4
自然人	25.3	3.0	4.8	132.4	13.0	0.5	178.9
其他组织	16.3	3.6	0.2	268.6	0.6	27.5	316.7
合计	6,862.0	2,838.7	52.1	50,285.7	124.4	1,312.8	61,475.7

一、技术输出方：企业输出保持主力

企业法人输出技术合同成交额居各类主体榜首，2023 年输出技术合同 647057 项，输出技术合同成交额 57543.4 亿元，成交额较上年增长 28.5%，占所有类型主体输出技术合同成交额的 93.6%；社团法人输出技术合同成交额增幅继续居各类主体首位，2023 年增幅达 155.5%，但总量仍居末位（见表 3-2）。

表 3-2　2022—2023 年技术卖方构成（单位：亿元）

卖方	2022 年输出技术		2023 年输出技术	
	合同数 / 项	成交额 / 亿元	合同数 / 项	成交额 / 亿元
机关法人	1,073	247.7	2,533	198.6
事业法人	242,206	2411.7	286,193	3125.6
社团法人	1,737	44.0	2,294	112.4
企业法人	521,900	44768.3	647,057	57543.4
自然人	3,065	159.1	3,687	178.9
其他组织	2,526	160.2	4,182	316.7
合计	772,507	47791.0	945,946	61475.7

（一）企业法人：内资企业输出技术合同成交额最高，港澳台商输出技术合同成交额增速最快

企业法人中，内资企业输出技术合同成交额最高，达到 50923.3 亿元，同比增长 28.5%，占企业输出技术合同成交额的 88.5%。港澳台商投资企业输出技术合同成交额增长最快，成交额为 1308.0 亿元，同比增长 44.4%，如图 3-1 所示。据全国技术合同管理与服务系统统计，境外企业输出技术合同平均成交额为 5686.9 万元，远高于内资企业的 835.2 万元的平均成交额。

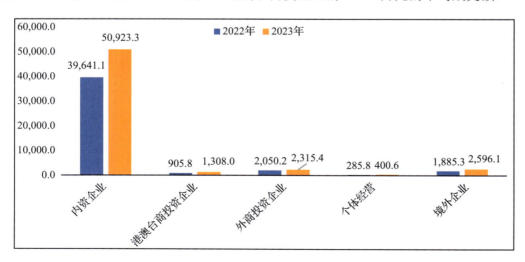

图 3-1　2022—2023 年企业输出技术构成（单位：亿元）

从输出流向来看，企业法人技术输出对象主要为企业法人、机关法人和事业法人。输出到企业法人的技术合同 493426 项，成交额为 48205.4 亿元，占企业法人输出技术合同成交额的 83.8%，与往年基本持平；输出到机关法人的技术合同成交额排名第二，占比 10.7%；输出到事业法人的技术合同成交额排名第三，占比 3.3%（见图 3-2、附表 13）。

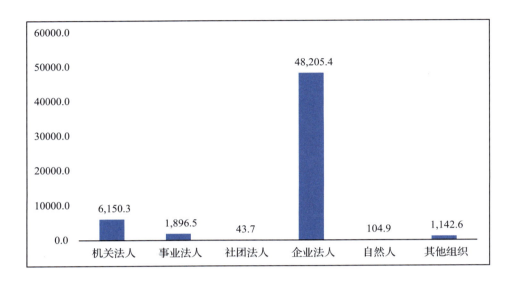

图 3-2　2023 年企业输出技术流向（单位：亿元）

大型企业向大型和中小型企业输出技术合同成交额占企业法人输出技术合同成交额的近三成。大型企业向大型和中小型企业输出技术合同成交额为 16272.9 亿元，占企业法人输出技术合同成交额（57543.4 亿元）的 28.3%。其中，大型企业向大型企业输出技术合同成交额为 9097.2 亿元，占企业法人输出技术合同成交额的 15.8%；向中小型企业输出技术合同成交额为 7175.7 亿元，占企业法人输出技术合同成交额的 12.5%。中小型企业技术输出活跃，向大型企业、中小型企业输出技术合同成交额分别为 2884.7 亿元、10906.5 亿元（见表 3-3），同比增速分别为 7.0%、40.8%，占企业法人输出技术合同成交额的占比分别为 5.0%、19.0%。

表 3-3　2023 年大型和中小型企业间输出技术情况

成交额／亿元	大型企业（买方）	中小型企业（买方）
大型企业（卖方）	9097.2	7175.7
中小型企业（卖方）	2884.7	10906.5

（二）事业法人：科研机构输出技术合同成交额最高、增长最快

事业法人技术输出中，高校及科研院所的创新活力与动力持续释放，科研机构占比最高、增长最快。具体来看，2023 年科研机构输出技术合同 95399 项；成交额为 1746.6 亿元，同比增长 42.1%，占事业法人输出技术合同成交额的 55.9%。2023 年医疗、卫生法人输出技术合同成交额

同比下滑 28.3%（见图 3-3）。

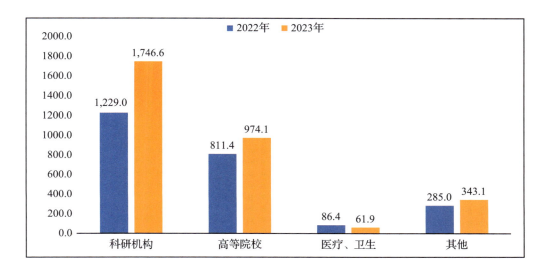

从输出流向来看，事业法人技术合同输出对象主要为企业法人、事业法人和机关法人。输出到企业法人的技术合同 195269 项，成交额为 1545.9 亿元（见图 3-4），占事业法人输出技术合同成交额的 49.5%；输出到事业法人的技术合同成交额超过机关法人，占事业法人输出技术合同成交额的 29.8%。

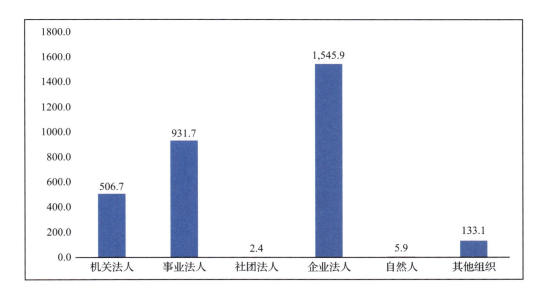

高等院校向企业输出技术超过七成。从高等院校技术输出流向来看，企业法人、事业法人、机关法人是最核心的主体，三者的合同成交额分别为 708.2 亿元、153.5 亿元、98.6 亿元，占高等院校输出技术合同成交额的占比分别为 72.71%、15.76%、10.12%（见图 3-5）。

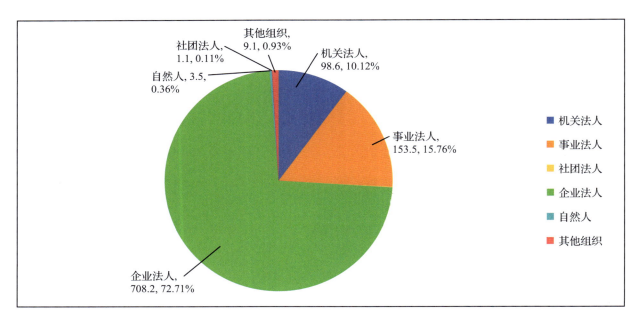

图 3-5　2023 年高等院校输出技术流向（单位：亿元）

科研机构流向事业法人的技术占近五成。科研机构输出到事业法人的技术合同成交额为727.2 亿元，占科研机构输出技术合同成交额的 46.03%，排名第一；输出到企业法人的技术合同成交额为 629.1 亿元，占科研机构输出技术合同成交额的 39.82%，排名第二；输出到机关法人的技术合同成交额为 98.6 亿元，占科研机构输出技术合同成交额的 6.24%，居第三位（见图 3-6）。

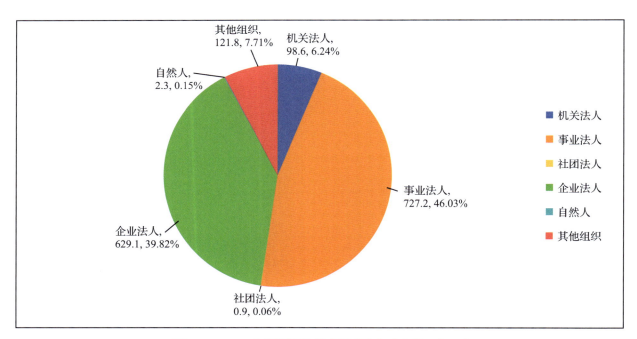

图 3-6　2023 年科研机构输出技术流向（单位：亿元）

二、技术吸纳方：机关与事业法人增速较快

企业一直是最大的技术吸纳方，2023年企业法人吸纳技术合同成交额占各类型主体吸纳技术合同成交额占比达81.8%。机关法人、事业法人技术需求快速增长，居吸纳技术合同成交额增长前两位，成交额增长率分别达39.1%、38.7%。社团法人技术合同成交数有上涨，但成交额下降17.4%（见表3-4）。

表3-4　2022—2023年技术买方构成（单位：亿元）

买方	2022年		2023年	
	合同数/项	成交额/亿元	合同数/项	成交额/亿元
机关法人	91,055	4932.1	126,256	6862.0
事业法人	80,364	2046.6	100,302	2838.7
社团法人	2,560	63.1	2,782	52.1
企业法人	581,878	39550.3	696,450	50285.7
自然人	9,075	115.7	9,986	124.4
其他组织	7,575	1083.2	10,170	1312.8
合计	772,507	47791.0	945,946	61475.7

（一）企业法人：内资企业吸纳规模最大，境外企业平均成交额更高

企业法人中，内资企业吸纳技术合同规模最大，共成交654812项；成交额为43285.9亿元，占企业法人技术合同成交额的86.1%，同比增长28.5%。外商投资企业吸纳技术合同成交额增长最快，吸纳技术合同16711项，成交额为2534.6亿元，成交额同比增长38.9%。与往年类似，境外企业吸纳技术合同平均成交额为6852.3万元，远高于内资企业吸纳技术合同平均成交额（见图3-7、附表14）。

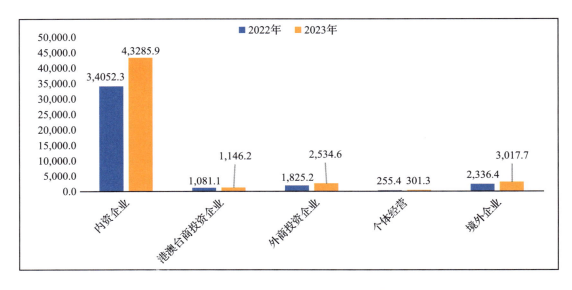

图3-7　2022—2023年企业吸纳技术构成（单位：亿元）

从企业法人吸纳技术来源看，企业法人为主要来源，占企业法人吸纳技术合同成交额的 95.9%；事业法人吸纳技术合同成交额占企业法人吸纳技术合同成交额的 3.2%（见图 3-8、附表 13）。

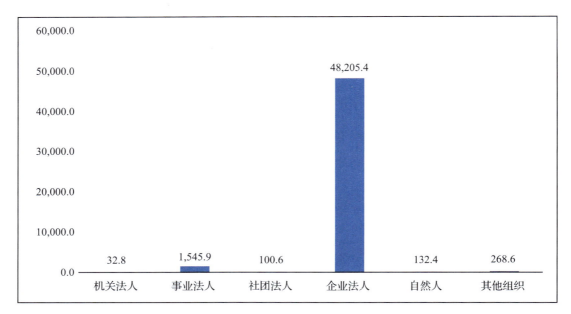

图 3-8　2023 年企业吸纳技术来源（单位：亿元）

细分机构类型，吸纳技术的机关法人主要为县级及以下行政机关。2023 年，县级及以下行政机关吸纳技术合同 73694 项，成交额为 3562.1 亿元（见图 3-9），居各类机关法人吸纳技术合同成交额第一位，占机关法人吸纳技术合同成交额的 51.9%。

图 3-9　2022—2023 年机关法人吸纳技术构成（单位：亿元）

从技术来源看，机关法人吸纳企业法人的技术合同总量居第一位，共 91158 项，成交额为 6150.3 亿元，占机关法人吸纳技术合同成交额的 89.6%；吸纳事业法人的技术合同总量居第二位，共 32204 项，成交额为 506.7 亿元，占机关法人吸纳技术合同成交额的 7.4%（见图 3-10、附表 13）。

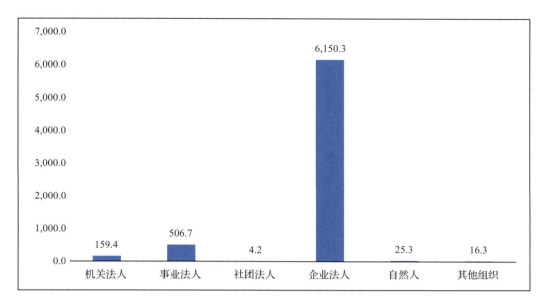

图 3-10　2023 年机关法人吸纳技术来源（单位：亿元）

（二）事业法人：科研机构吸纳技术合同成交额增幅最大

事业法人吸纳技术合同成交额保持增长，其中科研机构吸纳技术合同成交额增幅最大。2023年，事业法人吸纳技术合同成交 100302 项，较上年增长 24.8%；成交额为 2838.7 亿元，较上年增长 38.7%。其中，科研机构吸纳技术合同成交额为 869.2 亿元，较上年增长 60.7%；高等院校吸纳技术合同成交额为 203.0 亿元，较上年增长 36.5%；医疗、卫生机构吸纳技术合同成交额为 248.0 亿元，较上年增长 21.6%（见图 3-11、附表 14）。

图 3-11　2022—2023 年事业法人吸纳技术构成（单位：亿元）

科研机构吸纳技术主要来源于事业法人和企业法人。2023 年，科研机构吸纳事业法人技术合同成交额为 585.0 亿元，居第一位，占科研机构吸纳技术合同成交额的 67.30%；科研机构吸纳企业法人技术合同成交额为 283.6 亿元，居第二位，占科研机构吸纳技术合同成交额的 32.63%（见图 3-12）。

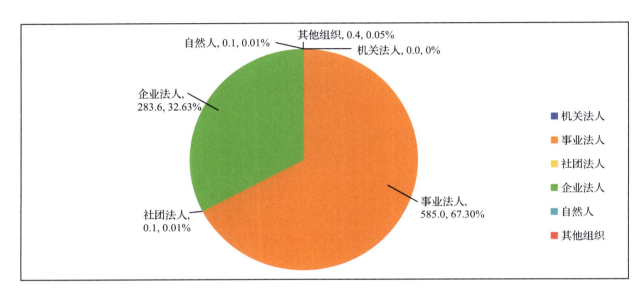

图 3-12　2023 年科研机构技术吸纳来源构成（单位：亿元）

高等院校吸纳技术主要来源于企业法人。2023 年，高等院校吸纳企业法人技术合同成交额为 159.5 亿元，居第一位，占高等院校吸纳技术合同成交额的 78.57%；吸纳事业法人技术合同成交额为 41.6 亿元，占高等院校吸纳技术合同成交额的 20.49%（见图 3-13）。

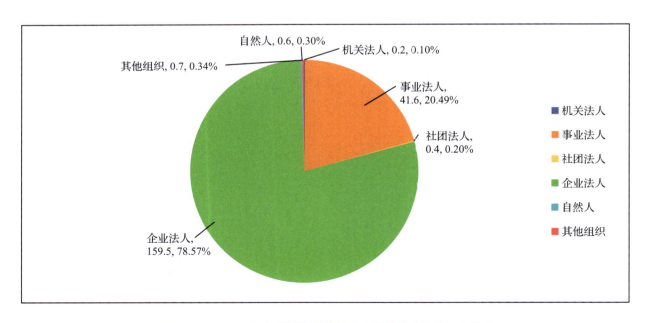

图 3-13　2023 年高等院校吸纳技术来源构成（单位：亿元）

第四部分

技术市场基础设施

技术市场基础设施是从技术要素汇聚、应用、推广、匹配、流通、定价的角度出发，实现技术价值释放和有序管理的一系列机构和设施，包括技术市场管理体系、技术市场服务体系、区域基础设施等，促进技术链、产业链、资金链、人才链深度融合。

一、技术合同认定登记机构：便捷性不断提升

技术合同认定登记机构覆盖范围不断扩大，技术合同登记更加便捷。技术合同认定登记机构宣传技术市场相关法律、法规与政策，加强为技术合同登记主体服务的效能，按规定为当事人提供技术合同签订指导、技术合同登记政策解读、技术合同登记信息填报等服务。截至2023年底，我国共有技术合同认定登记机构1367家，数量前10名地区为湖北省、安徽省、河南省、江西省、浙江省、广东省、山东省、河北省、江苏省和四川省（见图4-1）。

二、技术转移机构：区域集中效应明显

2023年，运行中的国家技术转移机构共420家，各省（直辖市、自治区）的国家技术转移机构数量呈现出明显的区域集中效应。北京市以51家机构领先，在全国技术转移领域具有绝对优势。其次是江苏省（45家）和广东省（31家），分列第二、第三位，显现出长三角地区在科技成果转化方面的强劲实力。中西部地区技术转移机构相对较少，部分地区暂无国家技术转移机构（见图4-2）。

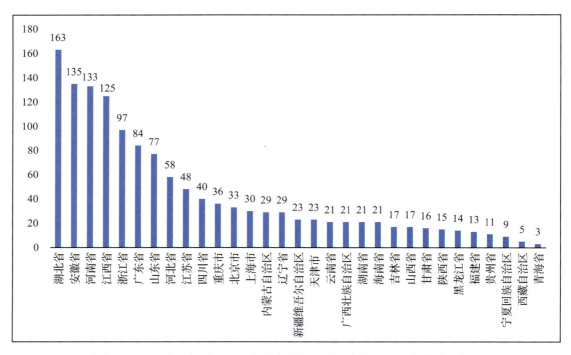

图 4-1　2023 年各省（市）技术合同登记服务点数量分布（单位：家）

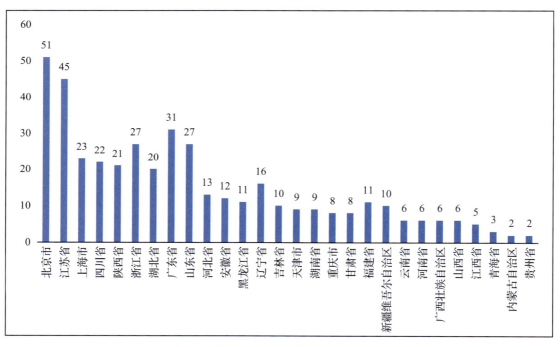

图 4-2　2023 年各省（市）国家技术转移机构数量分布（单位：家）

国家技术转移机构是促进知识流动和技术转移的关键环节。从机构类型看，高校和科研院所类型的国家技术转移机构数量最多，分别为 132 家和 113 家。高校和科研院所拥有丰富的创新资源和人才储备，国家技术转移机构的设立提高了其成果转化能力，帮助实现科技与经济深度融合（见表 4-1）。

表 4-1　2023 年分机构类型国家技术转移机构数量

机构类型	机构数量 / 家
交易所	28
市场化	70
政府所属	77
科研院所	113
高校	132
合计	420

（一）国家技术转移机构总人数近 5 万人，专职从事技术转移工作人员占比约四分之一

2023 年，国家技术转移机构总人数为 46841 人，其中专职从事技术转移工作的人员 11596 人，占总人数的 24.8%。国家技术转移机构中具有硕士及以上学历的人员比例为 45.3%，具有中高级职称的人员比例为 50.3%。

按省（市）来看，广东省、江苏省、湖北省、浙江省和北京市是国家技术转移机构人员规模最大的五个省（市），总人数分别为 5319 人、4709 人、4665 人、4604 人和 4141 人。这五个省（市）的总人数占全国总人数的 26.5%。其中，北京市专职从事技术转移工作人员数量最多，为 1168 人，浙江省次之，为 1088 人。河北省、内蒙古自治区和广西壮族自治区的专职从事技术转移工作人员比例相对较低，分别为 9.7%、44.8% 和 8.9%（见表 4-2）。

从学历水平和职称来看，贵州省、湖北省、陕西省、天津市具有硕士及以上学历人员的比例（分别为 85.0%、70.7%、69.5%、51.5%）位居全国前列。职称方面，湖北省、辽宁省、新疆维吾尔自治区和陕西省具有中高级职称人员比例较高（分别为 75.3%、73.3%、73.3%、72.0%）。尽管广东省和浙江省的技术转移活动频繁，但具有中高级职称人员比例较低，可能与年轻化人才梯队有关，广东省具有中高级职称人员比例为 23.0%，浙江省具有中高级职称人员比例为 20.2%。

表 4-2　2023 年各省（市）国家技术转移机构人员构成

省（市）	总人数 / 人	专职从事技术转移工作人员数量 / 人	具有硕士及以上学历人员比例	具有中级、高级职称人员比例
安徽省	668	296	48.8%	54.3%
北京市	4141	1168	58.7%	61.3%
甘肃省	1453	147	27.3%	53.7%
广西壮族自治区	713	64	10.0%	55.8%
贵州省	20	4	85.0%	60.0%

省（市）	总人数／人	专职从事技术转移工作人员数量／人	具有硕士及以上学历人员比例	具有中级、高级职称人员比例
河北省	2776	268	4.5%	14.8%
河南省	176	86	26.1%	60.8%
黑龙江省	390	198	44.9%	53.1%
湖北省	4665	452	70.7%	75.3%
湖南省	104	41	75.0%	43.3%
吉林省	518	169	48.3%	68.7%
江苏省	4709	892	61.1%	61.5%
江西省	161	44	67.1%	67.1%
内蒙古自治区	58	26	8.6%	22.4%
青海省	326	190	58.6%	65.0%
山西省	773	146	57.1%	70.2%
陕西省	4050	974	69.5%	71.1%
上海市	3078	1631	40.5%	41.8%
四川省	1318	561	42.4%	55.3%
天津市	679	332	51.5%	71.9%
云南省	427	209	42.6%	58.5%
重庆市	745	82	49.4%	70.6%
辽宁省	903	333	65.1%	73.3%
福建省	274	108	21.5%	35.0%
广东省	5319	1310	29.2%	23.0%
新疆维吾尔自治区	1240	196	45.7%	72.0%
浙江省	4604	1088	20.8%	20.2%
山东省	2553	581	44.0%	43.3%
总计	46841	11596	45.3%	50.3%

　　分机构类型来看，2023 年国家技术转移机构人员主要集中在政府所属机构，包括事业单位、协会组织等，共有 32405 人，占国家技术转移机构人员总数的比例为 69.2%；其中专职从事技术转移工作的人员 6970 人，在政府所属类国家技术转移机构人员中的占比为 21.5%。

　　在专职从事技术转移工作人员中，独立第三方市场化机构中专职从事技术转移工作人员的比例最高，达到 56.9%；其次是依托高等院校的国家技术转移机构，其中专职从事技术转移工作人员的比例为32.5%（见图4-3）。

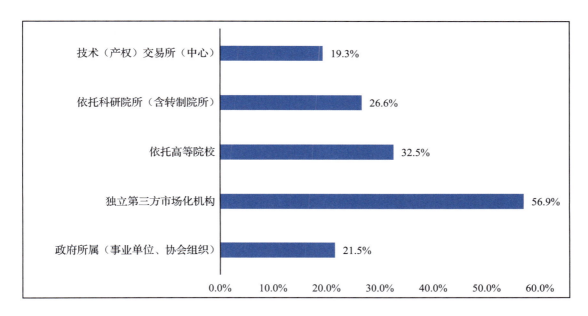

图 4-3　2023 年不同机构类型专职从事技术转移工作人员占比

在学历水平和职称方面，依托高等院校的国家技术转移机构中具有硕士及以上学历人员的比例最高，达到 72.6%；依托高等院校的国家技术转移机构中具有中高级职称人员的比例最高，达到 74.3%（见表4-3）。

表 4-3　2023 年不同机构类型国家技术转移机构人员构成

机构类型	总人数 / 人	专职从事技术转移工作人员数量 / 人	具有硕士及以上人员比例	具有中级、高级职称人员比例
政府所属（事业单位、协会组织）	32405	6970	39.3%	42.2%
独立第三方市场化机构	1344	765	24.0%	39.2%
依托高等院校	7289	2371	72.6%	74.3%
依托科研院所（含转制院所）	5107	1356	49.6%	73.7%
技术（产权）交易所（中心）	696	134	43.2%	28.3%
总计	46841	11596	45.3%	50.3%

（二）培训组织体系逐渐形成，国家技术转移机构共组织技术转移培训 34 万多人次

2023 年，国家技术转移机构通过多种途径推进技术转移工作，培训、技术交易活动、服务企业和促成技术转移项目的成果显著。国家技术转移机构共组织技术转移培训 344817 人次，组织技术交易活动 18866 次。全年共服务企业 256605 家，促成技术转移项目成交 176613 项，成交额近 1855.3 亿元。全年促成战略性新兴产业技术转移项目成交额 986.7 亿元，占总成交额的 53.2%。全年促成国际技术转移项目成交额 91.7 亿元，占总成交额的 4.9%。

长三角地区和京津冀地区在培训、服务企业、促成技术转移等方面具有明显优势，成交额和项目数均处于全国领先地位。江苏省在服务企业和促成技术转移项目成交方面较为突出，分别达到 42314 家和 25350 项，促成技术转移项目成交额约 113.4 亿元。此外，北京市和上海市分别以约 336.7 亿元和约 258.3 亿元的成交额位居全国前列（见表 4-4）。

表 4-4　2023 年各省（市）国家技术转移机构培训成效

省（市）	组织技术转移培训 / 人次	组织技术交易活动 / 次	服务企业数量 / 家	促成技术转移项目成交数量 / 项	促成技术转移项目成交额 / 万元
安徽省	18936	578	15551	3508	208248.0
北京市	28222	2148	23442	16770	3366788.1
甘肃省	945	74	1125	1591	48347.1
广西壮族自治区	4401	43	2438	150	334059.6
贵州省	235	4	395	504	22344.9
河北省	7139	285	5750	4806	156682.5
河南省	7529	59	1998	404	229639.3
黑龙江省	3992	276	4121	4946	713292.8
湖北省	8436	401	11336	20811	990680.4
湖南省	864	136	2237	1765	781066.5
吉林省	13276	293	3547	2102	109156.3
江苏省	43121	4552	42314	25350	1134283.3
江西省	1410	166	1671	891	47639.1
内蒙古自治区	1056	74	148	209	82814.3
青海省	2182	16	389	156	16645.4
山西省	2453	98	1196	1123	222466.8

省（市）	组织技术转移培训／人次	组织技术交易活动／次	服务企业数量／家	促成技术转移项目成交数量／项	续表 促成技术转移项目成交额／万元
陕西省	11884	1261	14053	7063	851541.2
上海市	10071	2129	13136	8518	2583255.1
四川省	48245	1004	26072	11890	2099086.0
天津市	14178	942	6228	3879	375291.2
云南省	1807	111	2826	1086	86103.3
重庆市	4401	193	5695	1274	164351.5
总计	344817	18866	256605	176613	18552698.3

在促成战略性新兴产业技术转移项目上，上海市表现突出，战略性新兴产业内的成交额226.4亿元，占比达87.6%。天津市促成战略性新兴产业技术转移项目比例最高（94.5%）。

在国际技术转移项目上，四川省的国际技术转移项目成交额达到24.9亿元，占全国总量的27.1%；北京市促成国际技术转移项目成交额10.5亿元，占全国总量的11.4%。

从机构类型来看，2023年，政府所属类国家技术转移机构共组织技术转移培训211632人次，组织技术交易活动8320次，服务企业166342家，促成技术转移项目成交95408项，促成技术转移项目成交额约724.6亿元，在各类型机构中最为突出（见表4-5）。

表 4-5　2023 年不同机构类型国家技术转移机构培训成效

机构类型	组织技术转移培训／人次	组织技术交易活动／次	服务企业数量／家	促成技术转移项目成交数量／项	促成技术转移项目成交额／万元
政府所属（事业单位、协会组织）	211632	8320	166342	95408	7245962.6
独立第三方市场化机构	18350	1104	12128	2003	1324562.5
依托高等院校	84235	7241	59504	72034	5226439.7
依托科研院所（含转制院所）	11903	1853	6299	3670	594143.6
技术（产权）交易所（中心）	18697	348	12332	3498	4161589.9
总计	344817	18866	256605	176613	18552698.3

在促成战略性新兴产业技术转移项目上，政府所属类国家技术转移机构、依托科研院所的国家技术转移机构表现突出，促成战略性新兴产业技术转移项目成交额分别达到 392.7 亿元、306.3 亿元。除独立第三方市场化机构外，其他几类国家技术转移机构促成技术转移项目成交额中均有超过一半是促成战略性新兴产业技术转移项目获得的。

国际技术转移项目主要依靠政府所属类国家技术转移机构推动，如图 4-4 所示。2023 年，政府所属类国家技术转移机构共促成国际技术转移项目成交额 71.9 亿元，在全国促成国际技术转移项目成交额中的占比为 78.4%。

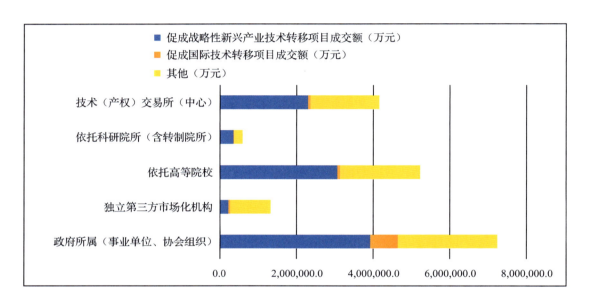

图 4-4　2023 年国家技术转移机构促成技术转移项目对比（单位：万元）

三、高新区：技术输出超过技术吸纳

高新区企业与非高新区企业在技术吸纳与技术输出方面表现出明显差异，高新区企业技术输出高于技术吸纳，技术输出交易额从 2022 年的 13566.6 亿元增长至 2023 年的 14030.6 亿元；技术吸纳交易额在 2023 年有所减少，从 2022 年的 6406.8 亿元降至 4075.7 亿元。非高新区企业技术吸纳高于技术输出，技术吸纳交易额从 2022 年的 41384.2 亿元增长至 2023 年的 57400.0 亿元，技术输出交易额从 2022 年的 34230.4 亿元上升至 2023 年的 47445.0 亿元（见图 4-5）。

图 4-5　高新区企业与非高新区企业技术吸纳与输出比较（单位：亿元）

第五部分

海外技术交易

一、总体情况：成交额长期上升

近十年来，我国向国外输出和从国外吸纳的技术交易成交额呈长期上升趋势。据全国技术合同认定登记统计，2023 年我国输出国外技术合同成交额突破 3000 亿元，吸纳国外技术合同成交额超过 2500 亿元，均达到历史最高水平。具体地，2023 年我国输出国外技术合同 4373 项，成交额 3581.1 亿元，成交额同比增长 28.7%（见图 5-1）；2023 年我国吸纳国外技术合同 4679 项，成交额 2578.7 亿元，成交额同比增长 38.8%（见图 5-2）。

图 5-1　2005—2023 年我国向国外输出技术成交情况（单位：项、亿元）

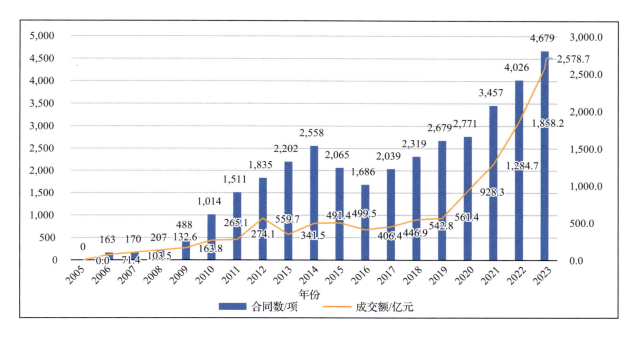

图 5-2　2005—2023 年我国从国外吸纳技术成交情况（单位：项、亿元）

二、技术输出：生物医药、城建领域增长强劲

2023 年，我国对外输出技术合同共 4376 项，成交额为 3581.3 亿元，较 2022 年分别增长 16.6% 和 28.6%。其中，对外输出技术合同成交额居首位的仍是美国，输出技术合同 1069 项，成交额为 1023.9 亿元，成交额同比增长 29.9%，高于 2022 年 12.8% 的增长率。输出到英国、马其顿的技术合同成交额均超过 200 亿元（见表 5-1）。

表 5-1　2023 年对外输出技术合同成交额前 20 名

买方国家	合同数 / 项	成交额 / 亿元
美国 (US)	1,069	1023.9
英国 (GB)	171	216.7
马其顿 (MK)	2	213.9
沙特阿拉伯 (SA)	19	193.2
新加坡 (SG)	219	165.3
瑞典 (SE)	39	145.3
印度尼西亚 (ID)	56	107.8
委内瑞拉 (VE)	2	107.7
爱尔兰 (IE)	73	103.1

续表

买方国家	合同数 / 项	成交额 / 亿元
几内亚 (GN)	8	83.7
法国 (FR)	84	82.9
伊拉克 (IQ)	6	71.5
日本 (JP)	783	67.8
瑞士 (CH)	60	62.5
俄罗斯 (RU)	148	56.9
厄瓜多尔 (EC)	5	56.1
越南 (VN)	58	55.4
德国 (DE)	161	53.2
荷兰 (NL)	46	53.0
菲律宾 (PH)	15	40.6

我国对外输出技术的首要领域由 2022 年的电子信息转向生物、医药和医疗器械。2023 年，生物、医药和医疗器械领域输出技术合同成交额 798.5 亿元（见图 5-3），占输出国外技术合同成交额的 22.3%。

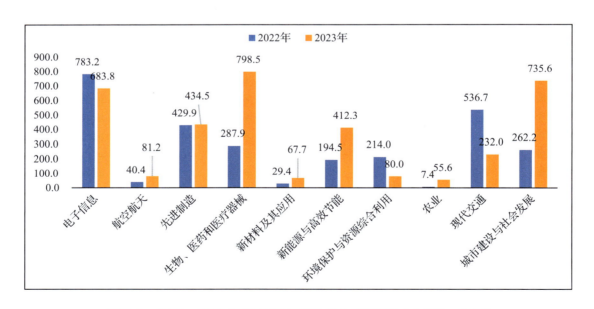

图 5-3　2022—2023 年我国输出国外技术交易领域构成（单位：亿元）

城市建设与社会发展领域对外输出增长势头最为强劲，技术合同成交额较2022年增长180.5%，成交额排前三位的国家是马其顿、委内瑞拉、伊拉克。此外，航空航天、新材料及其应用、新能源与高效节能领域对外输出技术合同成交额同比增长均超过了100%。2023年，我国输出航空航天技术合同成交额排前三位的国家是美国、奥地利、法国，输出新材料及其应用技术合同成交额排前三位的国家是巴基斯坦、美国、俄罗斯，输出新能源与高效节能技术合同成交额排前三位的国家是沙特阿拉伯、越南、法国。

我国输出国外技术合同主要类别为技术服务。2023年输出国外技术服务合同2099项，成交额为1807.3亿元（见图5-4），占输出境外技术合同成交额的50.5%。

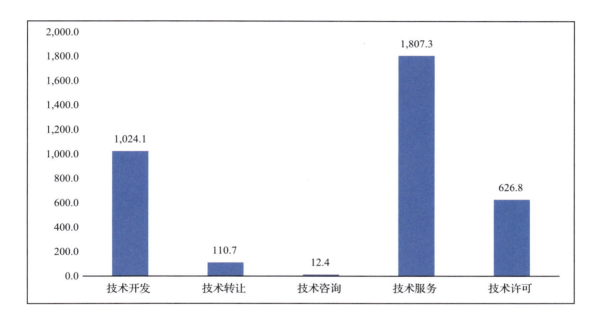

图 5-4　2023 年我国输出国外技术交易合同类别构成（单位：亿元）

三、技术吸纳：侧重高科技领域

2023 年，我国吸纳国外技术合同共 4682 项，较 2022 年增长 7.0%；成交额为 2578.9 亿元，较 2022 年下降 28.0%。其中，吸纳国外技术合同来源地首位仍是日本，吸纳技术合同 1677 项，成交额为 609.1 亿元；与 2022 年相比合同数略有上升，但成交额同比下降 40.5%。从美国、德国、韩国吸纳的技术合同成交额均超过 200 亿元（见表 5-2）。

表 5-2　2023 年吸纳国外技术合同成交额前 20 名

卖方国家	合同数 / 项	成交额 / 亿元
日本 (JP)	1,677	609.1

续表

卖方国家	合同数 / 项	成交额 / 亿元
美国 (US)	778	494.5
德国 (DE)	412	480.3
韩国 (KR)	270	226.3
英国 (GB)	195	135.5
法国 (FR)	137	115.1
瑞士 (CH)	100	65.3
瑞典 (SE)	80	56.6
新加坡 (SG)	112	51.0
比利时 (BE)	69	43.2
加拿大 (CA)	108	36.6
挪威 (NO)	6	35.4
荷兰 (NL)	80	33.2
意大利 (IT)	79	29.7
爱尔兰 (IE)	87	27.8
以色列 (IL)	42	22.8
俄罗斯 (RU)	17	22.5
芬兰 (FI)	15	22.4
奥地利 (AT)	49	15.8
印度 (IN)	54	13.2

我国吸纳国外技术主要集中在先进制造、电子信息等高科技领域。2023 年，共吸纳国外先进制造领域技术合同 2022 项，成交额 1228.4 亿元，占吸纳国外技术合同成交额的 47.6%，先进制造领域技术来源前三名为日本、德国、美国；吸纳电子信息领域技术合同 1264 项，成交额 585.7 亿元，占吸纳国外技术合同成交额的 22.7%，电子信息领域技术来源前三名为美国、英国、日本；新材料及其应用、新能源与高效节能，生物、医药和医疗器械领域吸纳国外技术合同成交额也超过百亿元。现代交通领域吸纳国外技术交易额增长最快，与 2022 年相比增长了 936.7%（见图 5-5），现代交通领域技术来源前三名为美国、日本、德国。

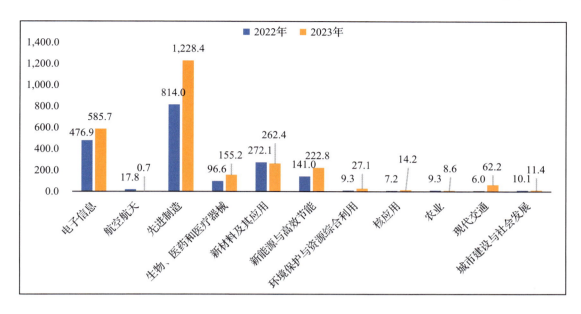

图 5-5　2022—2023 年我国吸纳国外技术交易领域构成（单位：亿元）

2023 年，我国吸纳国外技术以技术许可方式为主，合同数 1320 项，成交额 1154.5 亿元，占我国吸纳国外技术合同成交额的 44.8%（见图 5-6）。其次为技术转让，合同数 1330 项，成交额 822.8 亿元，占我国吸纳国外技术合同成交额的 31.9%。技术开发合同数 1541 项，成交额 536.7 亿元，占我国吸纳国外技术合同成交额的 20.8%。技术咨询合同最少。

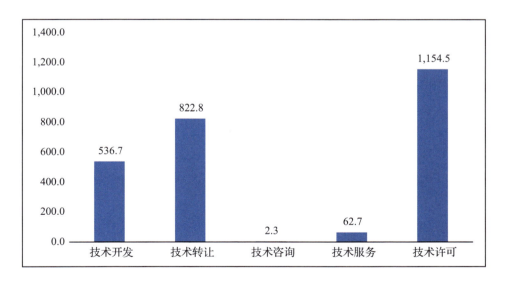

图 5-6　2023 年我国吸纳国外技术交易合同类别构成（单位：亿元）

四、"一带一路"：技术连接新机遇

2023 年，我国与"一带一路"沿线国家的技术交易更加频繁，带来技术市场发展新机遇。

根据全国技术合同认定登记数据，2022 年，我国向"一带一路"沿线国家输出技术合同成交额
1339.8 亿元，吸纳技术合同成交额 311.9 亿元；2023 年输出技术合同成交额跃升至 1587.3 亿元，
同比上升 18.5%，吸纳技术合同成交额 366.0 亿元，同比上升 17.3%。由此可见，我国的技术市
场正在与"一带一路"沿线国家深度结合，成为全球技术合作的重要参与者，技术也成为国际合
作的重要桥梁（见图 5-7）。

图 5-7　2022—2023 年与"一带一路"国家技术交易统计数据（单位：亿元）

从技术吸纳来看，"一带一路"沿线国家为我国技术创新与发展提供了国际支持，韩国、新
加坡和意大利在数量和成交额上均表现出强劲增长。表 5-3 展示了 2023 年"一带一路"沿线国家
技术吸纳地前十名，分别为韩国、新加坡、意大利、俄罗斯、奥地利、越南、马来西亚、卢森堡、
泰国和波兰（见表 5-3）。

表 5-3　2022—2023 年"一带一路"沿线国家技术吸纳地前十名

序号	卖方国家	2022 年		2023 年	
		合同数 / 项	成交额 / 亿元	合同数 / 项	成交额 / 亿元
1	韩国 (KR)	236	214.69	270	226.32
2	新加坡 (SG)	83	16.35	112	50.98
3	意大利 (IT)	70	19.29	79	29.69
4	俄罗斯 (RU)	18	31.97	17	22.55
5	奥地利 (AT)	41	4.94	49	15.83
6	越南 (VN)	15	1.2	13	7.38
7	马来西亚 (MY)	16	3.27	7	2.9
8	卢森堡 (LU)	7	1.41	8	2.03

续表

序号	卖方国家	2022 年		2023 年	
		合同数 / 项	成交额 / 亿元	合同数 / 项	成交额 / 亿元
9	泰国 (TH)	14	0.85	6	1.96
10	波兰 (PL)	6	1.34	11	1.45

从技术输出来看，我国技术在国际市场上的吸引力不断增强。2023 年"一带一路"沿线国家从我国购买技术的总量大幅增加，特别是马其顿、沙特阿拉伯、委内瑞拉、伊拉克等国家成交额出现显著增长。表 5-4 展示了 2023 年"一带一路"沿线国家技术输出地前十名，分别为马其顿、沙特阿拉伯、新加坡、印度尼西亚、委内瑞拉、几内亚、伊拉克、俄罗斯、厄瓜多尔和越南。

表 5-4　2022—2023 年"一带一路"沿线国家技术输出地前十名

序号	买方国家	2022 年		2023 年	
		合同数 / 项	成交额 / 亿元	合同数 / 项	成交额 / 亿元
1	马其顿 (MK)	2	53.0	2	213.9
2	沙特阿拉伯 (SA)	11	34.8	19	193.3
3	新加坡 (SG)	219	216.4	219	165.3
4	印度尼西亚 (ID)	60	88.8	56	107.8
5	委内瑞拉 (VE)	1	0.0	2	107.8
6	几内亚 (GN)	5	35.3	8	83.7
7	伊拉克 (IQ)	1	0.0	6	71.5
8	俄罗斯 (RU)	63	1.7	148	56.9
9	厄瓜多尔 (EC)	9	4.8	5	56.1
10	越南 (VN)	39	66.9	58	55.4

第六部分

附　表

附表1　2013—2023年全国技术合同成交情况

项目	年份										
	2013	2014	2015	2016	2017	2018	2019	2020	2021	2022	2023
合同数／项	294929	297037	307132	320437	367586	411985	484077	549353	670506	772507	945946
成交总金额／亿元	7469.1	8577.2	9835.8	11407.0	13424.2	17697.4	22398.4	28251.5	37294.3	47791.0	61475.7

附表2　2022—2023年合同类型构成

合同类别	2022年				2023年			
	合同数／项	成交额			合同数／项	成交额		
		金额／亿元	增长／%	占比／%		金额／亿元	增长／%	占比／%
技术开发	271727.0	14010.8	20.0	29.3	332,210	17965.1	28.2	29.2
技术转让	38081.0	4001.6	23.3	8.4	36355	2815.0	−29.7	4.6
技术咨询	52955.0	966.7	1.6	2.0	60468	1285.9	33.0	2.1
技术服务	407852.0	28718.9	34.1	60.1	506,019	36896.7	28.5	60.0
技术许可	1892.0	93.0	—	0.2	10894	2513.0	2602.7	4.1
合计	772507.0	47791.0	28.1	100.0	945,946	61475.7	28.6	100.0

附表 3　2023 年全国技术交易领域构成

技术交易领域	合同数		成交额		
	合同数 / 项	增长 /%	金额 / 亿元	增长 /%	占比 /%
城市建设与社会发展	124,078	16.0	12605.1	29.4	20.5
电子信息	273,096	14.4	11985.5	24.6	19.5
先进制造	166,105	39.9	11662.0	39.8	19.0
现代交通	22,964	38.5	4676.3	-4.0	7.6
新能源与高效节能	65,949	24.4	7072.2	49.0	11.5
新材料及其应用	60,469	27.3	3855.4	24.1	6.3
环境保护与资源综合利用	67,350	16.5	2904.6	7.6	4.7
生物、医药和医疗器械	80,581	25.1	3448.4	41.2	5.6
农业	71,198	26.3	1686.1	39.0	2.7
航空航天	13,398	14.1	1357.3	48.6	2.2
核应用	758	7.8	222.7	133.7	0.4
合计	945,946	22.5	61475.7	28.6	100.0

附表 4　2023 年大额技术合同构成 *

	构成	合同数 / 项	成交额 / 亿元	占比 /%
合同类别	技术服务	24914	30241.4	62.6
	技术开发	20309	12602.0	26.1
	技术转让	3533	2246.8	4.6
	技术咨询	1202	811.6	1.7
	技术许可	1153	2420.6	5.0
	合计	51111	48322.4	100.0
技术领域	城市建设与社会发展	6691	11487.3	23.8
	电子信息	11389	8952.8	18.5
	航空航天	1073	1186.6	2.5
	核应用	65	213.6	0.4
	环境保护与资源综合利用	2807	2238.4	4.6
	农业	1962	817.7	1.7
	生物、医药和医疗器械	3440	2460.5	5.1

注：表中占比数值小于 0.1 的均以 0.0 表示，全书同。

续表

构成		合同数 / 项	成交额 / 亿元	占比 /%
技术领域	先进制造	12490	7552.2	15.6
	现代交通	1702	4427.9	9.2
	新材料及其应用	4712	2778.5	5.8
	新能源与高效节能	4780	6206.9	12.8
	合计	51111	48322.4	100.0
知识产权	集成电路布图设计专有权	103	30.9	0.1
	技术秘密	8406	7351.7	15.2
	计算机软件著作权	2498	1500.5	3.1
	设计著作权	285	640.5	1.3
	生物、医药新品种	442	435.2	0.9
	植物新品种	81	23.3	0.0
	专利	6482	8063.1	16.7
	未涉及知识产权	32814	30277.2	62.7
	合计	51111	48322.4	100.0

注：大额技术合同是指成交额大于（含）1000 万元的技术合同。

附表 5   2022 年—2023 年全国输出技术合同成交情况

地区	合同数 / 项			成交额 / 亿元		
	2022 年	2023 年	增长 /%	2022 年	2023 年	增长 /%
北京市	95,061	106,552	12.1	7947.5	8536.9	7.4
天津市	12,299	14,854	20.8	1650.9	1928.6	16.8
河北省	15,207	22,553	48.3	1003.8	1783.1	77.6
山西省	1,255	1,740	38.6	161.4	223.9	38.7
内蒙古自治区	1,519	2,215	45.8	51.3	61.0	18.9
辽宁省	18,410	26,159	42.1	971.3	1289.1	32.7
其中：沈阳市	8,665	12,687	46.4	443.8	634.6	43.0
其中：大连市	6,509	8,846	35.9	407.3	490.4	20.4
吉林省	2,546	5,555	118.2	36.9	84.0	127.3
其中：长春市	1,884	4,578	143.0	28.6	74.1	159.0

地区	合同数 / 项			成交额 / 亿元		
	2022 年	2023 年	增长 /%	2022 年	2023 年	增长 /%
黑龙江省	6,617	7,652	15.6	460.2	112.9	-75.5
其中：哈尔滨市	4,303	5,171	20.2	317.4	50.6	-84.1
上海市	37,868	50,246	32.7	3870.7	4642.3	19.9
江苏省	86,649	93,004	7.3	2986.8	3331.0	11.5
其中：南京市	37,234	35,464	-4.8	831.4	971.3	16.8
浙江省	43,356	75,361	73.8	2435.1	4323.7	77.6
其中：杭州市	17,252	30,709	78.0	691.7	1187.8	71.7
其中：宁波市	3,971	5,378	35.4	345.0	802.7	132.7
安徽省	30,552	30,697	0.5	2875.5	3597.6	25.1
福建省	17,129	20,938	22.2	259.5	329.0	26.8
其中：厦门市	7,091	7,814	10.2	112.7	162.7	44.4
江西省	10,089	16,978	68.3	733.9	1584.9	116.0
山东省	55,481	71,591	29.0	3231.8	4554.7	40.9
其中：济南市	15,943	19,690	23.5	596.8	894.1	49.8
其中：青岛市	6,255	8,534	36.4	388.0	616.8	59.0
河南省	22,415	24,863	10.9	1020.7	1362.6	33.5
湖北省	76,995	98,452	27.9	3010.0	4771.2	58.5
其中：武汉市	32,284	34,367	6.5	1360.5	2172.1	59.7
湖南省	45,770	55,268	20.8	2542.9	3989.8	56.9
广东省	46,494	48,256	3.8	3967.5	3866.8	-2.5
其中：广州市	22,671	19,883	-12.3	2474.8	2382.2	-3.7
其中：深圳市	14,033	16,528	17.8	1236.9	1229.6	-0.6
广西壮族自治区	5,007	3,907	-22.0	227.0	88.9	-60.8
海南省	1,987	3,259	64.0	31.6	52.6	66.7
重庆市	6,880	11,234	63.3	559.5	718.5	28.4
四川省	23,555	28,331	20.3	1643.5	1942.1	18.2
其中：成都市	17,697	20,319	14.8	1458.1	1509.6	3.5

续表

地区	合同数 / 项			成交额 / 亿元		
	2022 年	2023 年	增长 /%	2022 年	2023 年	增长 /%
贵州省	8,553	11,522	34.7	390.7	482.0	23.4
云南省	7,498	14,152	88.7	218.9	268.9	22.8
西藏自治区	194	302	55.7	6.2	8.2	31.4
陕西省	68,537	69,716	1.7	3048.7	4118.5	35.1
其中：西安市	64,430	64,361	-0.1	2881.3	3900.1	35.4
甘肃省	13,224	14,139	6.9	335.8	464.8	38.4
青海省	1,133	1,515	33.7	16.0	19.3	20.4
宁夏回族自治区	3,592	4,148	15.5	34.0	40.3	18.4
新疆维吾尔自治区	2,019	5,471	171.0	31.2	73.6	136.0
台湾省	281	325	15.7	95.1	128.6	35.3
香港特别行政区	267	295	10.5	72.7	116.4	60.1
澳门特别行政区	33	14	-57.6	1.8	1.1	-37.0
国外	4,035	4,682	16.0	1860.3	2578.9	38.6
合计	772,507	945,946	22.5	47791.0	61475.7	28.6
计划单列市（5 个）	37,859	47,100	24.4	2,489.8	3,302.1	32.6
副省级城市（10 个）	222,363	247,229	11.2	11,084.4	13,776.4	24.3

注："国外"项指国外企业输出到国内的技术合同，下同。

附表 6　2022—2023 年全国吸纳技术成交情况

地区	合同数 / 项			成交额 / 亿元		
	2022 年	2023 年	增长 /%	2022 年	2023 年	增长 /%
北京市	69,630	81,054	16.4	4112.5	5024.7	22.2
天津市	10,627	12,939	21.8	783.4	1009.9	28.9
河北省	17,666	24,272	37.4	1332.6	2029.7	52.3
山西省	6,021	7,754	28.8	536.3	413.7	-22.9
内蒙古自治区	8,839	8,011	-9.4	682.0	654.7	-4.0
辽宁省	17,510	22,911	30.8	747.0	1090.5	46.0

地区	合同数 / 项			成交额 / 亿元		
	2022 年	2023 年	增长 /%	2022 年	2023 年	增长 /%
其中：沈阳市	6,875	8,303	20.8	246.4	316.8	28.6
其中：大连市	5,467	7,477	36.8	197.1	166.9	−15.3
吉林省	4,571	8,034	75.8	187.4	295.6	57.8
其中：长春市	3,178	5,999	88.8	111.9	186.8	67.0
黑龙江省	8,017	9,340	16.5	346.2	256.1	−26.0
其中：哈尔滨市	4,580	4,674	2.1	196.8	80.1	−59.3
上海市	37,926	51,955	37.0	1919.3	2362.8	23.1
江苏省	85,284	87,782	2.9	5125.3	5347.8	4.3
其中：南京市	23,699	23,866	0.7	1019.9	1044.7	2.4
浙江省	49,596	78,866	59.0	3111.5	4562.4	46.6
其中：杭州市	19,073	26,780	40.4	956.7	1198.5	25.3
其中：宁波市	6,483	8,863	36.7	462.0	790.6	71.1
安徽省	31,768	35,216	10.9	2669.6	3521.5	31.9
福建省	18,882	22,431	18.8	698.9	718.9	2.9
其中：厦门市	5,582	6,055	8.5	156.7	154.1	−1.7
江西省	12,612	19,171	52.0	801.3	1595.4	99.1
山东省	54,987	68,462	24.5	3371.7	4592.1	36.2
其中：济南市	10,405	13,732	32.0	513.2	795.3	55.0
其中：青岛市	6,739	8,265	22.6	488.7	633.3	29.6
河南省	23,225	25,279	8.8	1066.5	1370.1	28.5
湖北省	59,533	88,861	49.3	2298.3	3760.1	63.6
其中：武汉市	20,601	20,651	0.2	767.1	829.7	8.2
湖南省	38,301	45,325	18.3	1676.3	3126.7	86.5
广东省	78,816	73,507	−6.7	5354.2	5958.1	11.3
其中：广州市	21,393	19,064	−10.9	1583.7	1426.0	−10.0
其中：深圳市	34,054	28,594	−16.0	2053.3	2781.4	35.5
广西壮族自治区	8,853	8,257	−6.7	581.5	645.8	11.1

地区	合同数 / 项			成交额 / 亿元		续表
	2022 年	2023 年	增长 /%	2022 年	2023 年	增长 /%
海南省	4,639	5,555	19.7	275.5	360.4	30.8
重庆市	8,981	12,559	39.8	790.2	883.1	11.8
四川省	25,753	30,561	18.7	1522.0	1840.2	20.9
其中：成都市	15,633	18,062	15.5	757.1	951.9	25.7
贵州省	10,775	13,624	26.4	515.9	708.4	37.3
云南省	10,385	16,778	61.6	741.2	620.6	−16.3
西藏自治区	1,215	1,642	35.1	182.4	85.5	−53.1
陕西省	35,139	44,480	26.6	1591.1	2245.8	41.1
其中：西安市	24,990	29,270	17.1	1019.4	1434.7	40.7
甘肃省	13,414	13,764	2.6	549.0	1021.8	86.1
青海省	2,651	3,425	29.2	130.5	197.5	51.3
宁夏回族自治区	5,594	6,661	19.1	105.0	143.5	36.6
新疆维吾尔自治区	6,050	11,372	88.0	707.8	956.7	35.2
台湾省	112	169	50.9	9.9	7.9	−20.1
香港特别行政区	1,317	1,489	13.1	467.9	452.4	−3.3
澳门特别行政区	65	64	−1.5	15.1	33.9	124.0
国外	3,753	4,376	16.6	2785.6	3581.3	28.6
合计	772,507	945,946	22.5	47791.0	61475.7	28.6
计划单列市（5 个）	58,325	59,254	1.6	3,357.9	4,526.2	34.8
副省级城市（10 个）	150,427	170,401	13.3	7,172.0	8,264.7	15.2

附表 7　2023 年全国技术合同知识产权构成

知识产权		合同数		成交额		
		合同数 / 项	增长 /%	金额 / 亿元	增长 /%	占比 /%
技术秘密		129,545	10.1	9207.4	12.4	14.98
专利	合计	68582	22.5	8935.2	22.5	14.53
	发明专利	42097	26.5	5754.5	19.5	9.36
	实用新型专利	25776	16.2	3136.5	27.2	5.10
	外观设计专利	709	32.3	44.2	173.2	0.72

续表

知识产权	合同数		成交额		
	合同数 / 项	增长 /%	金额 / 亿元	增长 /%	占比 /%
计算机软件著作权	64,258	17.1	2218.6	21.9	3.61
植物新品种	3,360	19.0	45.8	−4.0	0.07
集成电路布图设计专有权	750	17.2	43.2	1.8	0.07
生物、医药新品种	5,547	18.2	519.3	136.8	0.84
设计著作权	4,993	15.7	691.6	78.0	1.13
未涉及知识产权	668,911	25.9	39814.3	33.7	64.76
合计	945,946	22.5	61475.7	28.6	100.00

附表 8　2013—2023 年各类技术合同平均每份成交额（单位：万元）

合同类别	年份										
	2013	2014	2015	2016	2017	2018	2019	2020	2021	2022	2023
技术开发	180.2	198	198.6	234.2	280.2	326.4	362.3	407.9	455.4	515.6	540.8
技术转让	918.4	909.8	1146.9	1280.6	838.6	1046.6	1291.1	1031.6	946.1	1050.8	774.3
技术咨询	59.9	87.5	78.4	191.6	168	189.3	196.7	305.5	213	182.6	212.7
技术服务	353.6	394.4	471.3	434	411.3	517	522.2	582.8	639.1	704.2	729.2
技术许可	–	–	–	–	–	–	–	–	–	491.4	2306.7
单项合同平均成交额	253.3	288.8	320.3	356	365.2	429.6	462.7	514.3	556.2	618.6	649.9

附表 9　2023 年各类卖方机构成交情况

卖方类别		合同数		成交额		
		合同数 / 项	增长 /%	金额 / 亿元	增长 /%	占比 /%
机关法人		2,533	136.1	198.6	−19.8	0.3
事业法人	小计	286,193	18.2	3125.6	29.6	5.1
	科研机构	95,399	18.6	1746.6	42.1	2.8
	高等院校	159,464	20.0	974.1	20.1	1.6
	医疗、卫生	8,454	−6.5	61.9	−28.3	0.1
	其他	22,876	15.2	343.1	20.4	0.6
社团法人		2,294	32.1	112.4	155.5	0.2

续表

卖方类别		合同数		成交额		
		合同数/项	增长/%	金额/亿元	增长/%	占比/%
企业法人	小计	647,057	24.0	57543.4	28.5	93.6
	内资企业	609,732	23.9	50923.3	28.5	82.8
	港澳台商投资企业	7,203	36.6	1308.0	44.4	2.1
	外商投资企业	14,560	15.0	2315.4	12.9	3.8
	个体经营	10,997	36.4	400.6	40.2	0.7
	境外企业	4,565	18.6	2596.1	37.7	4.2
自然人		3,687	20.3	178.9	12.4	0.3
其他组织		4,182	65.6	316.7	97.8	0.5
合计		945,946	22.5	61475.7	28.1	100.0

附表10　2023年各类技术合同构成

合同类别		合同数		成交额		
		合同数/项	增长/%	金额/亿元	增长/%	占比/%
技术开发	小计	332,210	22.3	17965.1	28.2	29.2
	委托开发	316,371	22.5	16168.8	34.3	26.3
	合作开发	15,838	16.9	1796.3	-9.0	2.9
技术转让	小计	36,355	-4.5	2815.0	-29.7	4.6
	技术秘密转让	11,017	-1.1	1717.2	-10.8	2.8
	专利实施许可转让	3,432	-64.2	223.7	-79.4	0.4
	专利权转让	17,772	31.8	590.3	0.1	1.0
	专利申请权转让	1,151	26.5	50.0	-29.8	0.1
	计算机软件著作权转让	1,541	11.0	70.1	-29.4	0.1
	集成电路布图设计专有权转让	10	-37.5	0.9	168.3	0.0
	植物新品种权转让	722	-11.4	12.1	19.0	0.0
	生物、医药新品种权转让	183	-20.4	15.5	-81.4	0.0
	设计著作权转让	31	-3.1	1.1	99.3	0.0
	其他	493	3.4	134.1	-1.9	0.2

合同类别		合同数		成交额		续表
		合同数 / 项	增长 /%	金额 / 亿元	增长 /%	占比 /%
技术咨询 小计		60,468	14.2	1285.9	33.0	2.1
技术服务	小计	506,019	24.1	36896.7	28.5	60.0
	一般性技术服务	501,761	24.3	36792.8	28.6	59.8
	技术中介	1,656	2.0	27.0	120.5	0.0
	技术培训	2,599	3.4	76.9	−17.2	0.1
技术许可 小计		10,894	475.8	2513.0	2,602.7	4.1
合计		945,946	22.5	61475.7	28.1	100.0

附表 11　2023 年全国技术合同社会经济目标构成

社会经济目标	合同数		成交额		
	合同数 / 项	增长 /%	金额 / 亿元	增长 /%	占比 /%
先进复合材料	1	–	0.002	–	0.0
环境保护、生态建设及污染防治	56,461	16.2	3,303.1	21.9	5.4
能源生产、分配和合理利用	67,008	20.8	5,836.0	24.5	9.5
卫生事业发展	51,322	23.5	1,840.4	19.8	3.0
教育事业发展	14,664	9.2	227.8	22.9	0.4
基础设施以及城市和农村规划	45,476	12.3	8,359.6	16.4	13.6
社会发展和社会服务	238,067	14.7	14,375.5	25.6	23.4
地球和大气层的探索与利用	2,209	31.5	41.1	47.3	0.1
民用空间探测及开发	2,229	12.5	105.6	38.1	0.2
农林牧渔业发展	68,695	25.0	1,588.5	40.9	2.6
工商业发展	142,285	40.3	10,943.5	45.9	17.8
非定向研究	57,428	48.4	2,460.3	11.7	4.0
其他民用目标	184,023	21.4	11,148.2	33.9	18.1
国防	16,078	6.8	1,246.2	59.5	2.0
合计	945,946	22.5	61,475.7	28.1	28.6

附表 12　2023 年全国技术合同计划项目构成

计划类别		合同数 / 项	成交额 / 亿元	占比 /%
国家科技计划	小计	7,566	214.9	0.3
	国家高技术研究发展计划（863 计划）	136	4.2	0.0
	国家科技重大专项	696	70.0	0.1
	基础研究计划（973 计划）、国家重大科学研究计划	161	7.7	0.0
	星火计划	15	0.1	0.0
	火炬计划	51	1.8	0.0
	国家重点新产品计划	61	3.2	0.0
	科技型中小企业技术创新基金	72	3.8	0.0
	国家农业科技成果转化资金	11	0.3	0.0
	科技兴贸行动计划	0	0.0	0.0
	国家软科学研究计划	5	0.0	0.0
	国际科技合作计划	11	0.4	0.0
	国家科技支撑计划	74	2.5	0.0
	科技基础条件平台建设	25	3.7	0.0
	科技富民强县专项行动计划	1	0.0	0.0
	科研院所技术开发研究专项资金	39	0.3	0.0
	国际热核聚变实验堆（ITER）计划专项	1	0.0	0.0
	自然科学基金	5,405	35.1	0.1
	科技惠民计划	9	0.1	0.0
	其他	793	81.6	0.1
部门计划		10,575	732.3	1.2
省、自治区、直辖市及计划单列市、新疆兵团计划		31,597	3026.3	4.9
地市县计划		93,051	5689.7	9
师市、院校计划		1,949	58.6	0.1
计划外		801,206	51753.9	84.2
一次支付		1	0.0	0.0
分期支付		1	0.0	0.0
合计		945,946	61475.7	100.0

附表 13 2023 年全国技术合同买卖方成交情况（单位：亿元、项）

买方类别	卖方类别	机关法人	其他组织	企业法人	社团法人	事业法人	自然人	合计
自然人	成交额	0.0	0.6	104.9	0.0	5.9	13.0	124.4
	合同数	32	332	7026	7	2447	142	9986
其他组织	成交额	4.8	27.5	1142.6	4.3	133.1	0.5	1312.8
	合同数	98	626	6488	18	2901	39	10170
事业法人	成交额	1.7	3.6	1896.5	2.2	931.7	3.0	2838.7
	合同数	48	249	47474	136	52225	170	100302
社团法人	成交额	0.0	0.2	43.7	1.1	2.4	4.8	52.1
	合同数	2	3	1485	25	1147	120	2782
企业法人	成交额	32.8	268.6	48205.4	100.6	1545.9	132.4	50285.7
	合同数	503	2785	493426	1949	195269	2518	696450
机关法人	成交额	159.4	16.3	6150.3	4.2	506.7	25.3	6862.0
	合同数	1850	187	91158	159	32,204	698	126256
合计	成交额	198.6	316.7	57543.4	112.4	3125.6	178.9	61475.7
	合同数	2533	4182	647057	2294	286193	3687	945946

附表 14 2023 年各类买方机构交易情况

买方类别		合同数		成交额		
		合同数 / 项	增长 /%	金额 / 亿元	增长 /%	占比 /%
机关法人小计		126,256	38.7	6,862.0	39.1	11.2
事业法人	小计	100,302	24.8	2,838.7	38.7	4.6
	科研机构	30,896	12.8	869.2	60.7	1.4
	高等院校	20,691	20.5	203.0	36.5	0.3
	医疗、卫生	10,826	30.8	248.0	21.6	0.4
	其他	37,889	37.7	1,518.6	31.7	2.5
社团法人小计		2,782	8.7	52.1	−17.4	0.1

续表

买方类别		合同数		成交额		
		合同数 / 项	增长 /%	金额 / 亿元	增长 /%	占比 /%
企业法人	小计	696,450	19.7	50,285.7	27.1	81.8
	内资企业	654,812	20.4	43,285.9	27.1	70.4
	港澳台商投资企业	9,081	12.9	1,146.2	6.0	1.9
	外商投资企业	16,711	8.7	2,534.6	38.9	4.1
	个体经营	11,442	4.9	301.3	18.0	0.5
	境外企业	4,404	18.4	3,017.7	29.2	4.9
自然人小计		9,986	10.0	124.4	7.5	0.2
其他组织小计		10,170	34.3	1,312.8	21.2	2.1
合计		945,946	22.5	61,475.7	28.6	100.0

附表 15 国家技术转移机构名单

省（市）	机构序号	420 家机构名称
北京	1	清华大学国家技术转移中心
	2	北京科技大学设计研究院有限公司
	3	中国科学院北京国家技术转移中心
	4	北京机科国创轻量化科学研究院有限公司
	5	中国兵器工业新技术推广研究所
	6	中材集团科技开发中心有限公司
	7	北京华创阳光医药科技发展有限公司（中国医药科技成果转化中心）
	8	科威国际技术转移有限公司
	9	北京中农博乐科技开发有限公司（中国农科院饲料所技术转移中心）
	10	北京产权交易所有限公司
	11	中国中医药科技开发交流中心
	12	北京技术交易促进中心
	13	中国航天系统工程有限公司
	14	中国科学院自动化研究所技术转移中心

省（市）	机构序号	420 家机构名称
	15	全国农业科技成果转移服务中心（中国农业科学院技术转移中心）
	16	中国科学院计算技术研究所技术发展中心
	17	中国钢研科技集团公司市场部
	18	先进制造北京技术转移中心（北京工大智源科技发展有限公司）
	19	北京大学科技开发部
	20	北京化工大学科学技术发展研究院
	21	中国技术交易所有限公司
	22	北京矿冶科技集团有限公司
	23	北京海淀中科计算技术转移中心
	24	北京北航先进工业技术研究院有限公司
	25	中关村能源与安全科技园
	26	北京大学医学部技术转移办公室
	27	中北国技（北京）科技有限公司
	28	华北电力大学技术转移中心
北京	29	中国纺织信息中心
	30	化工行业生产力促进中心
	31	中国科学院理化技术研究所产业策划部
	32	中国科学院过程工程所科技开发处
	33	北京市农林科学院科技产业办公室
	34	北京理工大学技术转移中心
	35	北京科信必成医药科技发展有限公司
	36	北京海外学人科技发展中心
	37	北京北化大科技园有限公司
	38	中国科学院微电子研究所
	39	中国科学院微生物研究所技术转移转化中心
	40	北京恒冠国际科技服务有限公司
	41	中蔬种业科技（北京）有限公司
	42	新医药北京市技术转移中心
	43	中科合创（北京）科技成果评价中心

省（市）	机构序号	420家机构名称	续表
北京	44	北京华清科创科技开发有限公司	
	45	北京科技大学国际高技术中心	
	46	北京交通大学技术转移中心	
	47	中国农业大学技术转移中心	
	48	中国技术供需在线平台（华教联创（北京）科技有限公司）	
	49	北京华国昆仑科技有限公司	
	50	北京软件和信息服务交易所有限公司	
	51	北京北林先进生态环保技术研究院有限公司	
天津	1	天津市天大银泰科技有限公司	
	2	天津化工研究设计院国家工业水处理技术研究推广中心	
	3	天津市科技创新发展中心	
	4	天津市科学技术发展战略研究院	
	5	天津市国际生物医药联合研究院	
	6	天津泰普医药知识产权流转储备中心有限公司	
	7	高校科技创新成果转化中心	
	8	天津大学技术转移中心	
	9	国家粳稻工程技术研究中心	
	10	南开大学科学技术研究部	
河北	1	秦皇岛燕山大学科技开发总公司	
	2	河北省科技成果转化服务中心	
	3	廊坊技术转移中心	
	4	国欣棉花技术转移中心	
	5	河北工业大学技术转移中心	
	6	河北农业大学技术转移中心	
	7	河北省协同创新中心	
	8	中国科学院唐山高新研究与转化中心	
	9	中科廊坊科技谷有限公司	
	10	石家庄铁道大学技术转移中心	
	11	河北大学技术转移中心	
	12	河北工程大学科技开发中心	
	13	河北科技大学技术转移中心	

续表

省（市）	机构序号	420家机构名称
山西	1	山西省科协企业创新服务中心
	2	太原技术转移促进中心
	3	中国辐射防护研究院技术转化推广中心
	4	忻州市科学技术市场
	5	山西转型综改示范区成果转化促进服务中心
	6	太原科创生物技术公共服务平台有限公司
内蒙古	1	包头稀土高新区技术转移中心
	2	内蒙古真金种业科技有限公司
辽宁	1	中国科学院金属研究所可视化热加工技术转移示范中心
	2	中国科学院沈阳国家技术转移中心
	3	东北大学技术转移中心有限公司
	4	沈阳化工研究院有限公司
	5	沈阳工业大学风能技术研究所
	6	辽宁工程技术大学技术转移中心
	7	煤科集团沈阳研究院有限公司技术转移中心
	8	辽宁科技学院兴科中小企业服务中心
	9	沈阳建筑大学技术转移中心
	10	辽宁科技大学技术转移中心
吉林	1	长春市科技信息研究所
	2	长春中俄科技园
	3	吉林省科技开发交流中心
	4	长春技术产权交易中心
	5	中国科学院长春应用化学研究所技术转移转化中心
	6	中国科学院长春光机所精密仪器与装备研发中心
	7	中国科学院长春技术转移中心
	8	吉林大学工业技术研究总院
	9	吉林省创新医药公共服务平台有限责任公司
	10	长春工业大学技术转移中心

续表

省（市）	机构序号	420 家机构名称		
黑龙江	1	哈尔滨船大工程技术设计研究院		
	2	哈尔滨国际技术产权交易中心		
	3	黑龙江省科技成果转化中心		
	4	大庆市科技专利成果转化中心		
	5	黑龙江省农垦科学院科技情报研究所		
	6	黑龙江省对外科技交流中心		
	7	黑龙江省农业科学院佳木斯分院		
	8	中国科学院哈尔滨产业技术创新与育成中心		
	9	哈尔滨理工大学科技园发展有限公司		
	10	哈尔滨工业大学科学与工业技术研究院		
	11	黑龙江省润特科技有限公司		
上海	1	华东理工大学国家技术转移中心		
	2	上海交大技术转移中心		
	3	中国科学院上海国家技术转移中心		
	4	上海技术交易所		
	5	上海市科技创业中心（上海市火炬高技术产业开发中心，上海市高新技术成果转化服务中心）		
	6	上海科威国际技术转移中心有限公司		
	7	上海理工技术转移有限公司		
	8	复旦大学技术转移中心		
	9	上海电缆研究所有限公司		
	10	东华大学现代纺织研究院		
	11	上海科学技术交流中心		
	12	上海电机系统节能工程技术研究中心		
	13	上海船舶研究设计院		
	14	同济大学技术转移中心		
	15	上海盛知华知识产权服务有限公司		
	16	上海市生物医药科技产业促进中心		
	17	上海电力大学技术转移中心		

省（市）	机构序号	420 家机构名称
上海	18	中国医药工业研究总院
	19	上海市知识产权服务中心
	20	上海化工研究院技术转移中心
	21	上海得民颂信息科技发展有限公司
	22	上海创新节能技术促进中心
	23	上海交通大学先进产业技术研究院
江苏	1	南京大学技术转移中心
	2	中国科学院常州先进制造技术研发与产业化中心
	3	江苏省高新技术创业服务中心
	4	APEC 技术转移中心
	5	江苏国际技术转移中心（江苏矽太信息科技有限公司）
	6	南京市科技成果转化服务中心
	7	中国科学院扬州应用技术研发与产业化中心
	8	南京东南大学技术转移中心有限公司
	9	江苏省对外科学技术交流中心
	10	江南大学技术转移中心
	11	南京理工大学技术转移中心
	12	苏州大学技术转移中心
	13	中国科学院泰州应用技术研发及产业化中心
	14	苏州市金桥科技服务有限公司
	15	江苏省农业科学院
	16	扬州大学技术转移中心
	17	苏州中科院产业技术创新与育成中心
	18	南京航空航天大学科技成果转化服务中心
	19	昆山市工业技术研究院有限责任公司
	20	常州大学技术转移中心
	21	中国矿业大学技术转移中心
	22	中国科学院南京高新技术研发及产业化中心
	23	常熟紫金知识产权服务有限公司

续表

省（市）	机构序号	420 家机构名称		
江苏	24	南通市通州区家纺产业发展服务中心		
	25	扬州国际技术转移中心有限公司		
	26	南通大学技术转移中心		
	27	江苏大学技术转移中心		
	28	南京工业大学技术转移中心		
	29	南京师范大学技术转移中心		
	30	南京农业大学技术转移中心		
	31	江苏科技大学技术转移中心		
	32	浙江大学苏州工业技术研究院		
	33	江苏物联网研究发展中心		
	34	盐城工学院技术转移中心		
	35	南京工程学院技术转移中心		
	36	江苏佰腾科技有限公司		
	37	浙江大学昆山创新中心		
	38	中国矿业大学大学科技园有限责任公司		
	39	南京林业大学技术转移中心		
	40	河海大学技术转移中心		
	41	南京中医药大学技术转移中心		
	42	江苏理工学院技术转移中心		
	43	江苏师范大学技术转移中心		
	44	南京邮电大学国家大学科技园		
	45	南京信息工程大学技术转移中心		
浙江	1	浙江大学技术转移中心		
	2	中国科学院嘉兴应用技术研究与转化中心		
	3	浙江火炬星火科技发展有限公司		
	4	浙江省科技评估和成果转化中心		
	5	中国科学院台州应用技术研发与产业化中心		
	6	浙江理工大学科技服务中心		
	7	浙江省科技交流和人才服务中心		

省（市）	机构序号	420家机构名称
浙江	8	湖州市南太湖科技创新中心
	9	杭州市生产力促进中心
	10	浙江天科高新技术发展有限公司
	11	浙江长三角与欧洲波罗的海国际技术转移中心
	12	中纺院（浙江）技术研究院有限公司
	13	中国科学院湖州应用技术研究与产业化中心
	14	杭州科畅科技咨询有限公司
	15	温州市科技创新服务中心
	16	杭州高新技术成果产业化服务有限公司
	17	杭州绿纽信息科技有限公司
	18	金华市科学技术开发中心
	19	义乌市思特科技信息咨询有限公司
	20	杭州枫惠科技咨询有限公司
安徽	1	中国科学技术大学技术转移中心
	2	中科院合肥技术创新工程院
	3	合肥工业大学技术转移中心
	4	安徽祥源科技股份有限公司
	5	芜湖市产业创新中心
	6	合肥市科技创新公共服务中心
	7	安徽省新技术推广站
	8	安徽三祥技术咨询有限公司
	9	蚌埠市科技情报所
	10	安徽农业大学技术转移中心
	11	安徽省科技成果转化服务中心
	12	合肥科技创新创业服务中心
福建	1	福建省科学技术咨询服务中心
	2	福州技术市场有限公司
	3	福州大学科学技术开发中心（福州大学科学技术开发部）
	4	福建省高新技术产权交易所有限公司

省（市）	机构序号	420 家机构名称	续表
福建	5	联合国南南合作网示范基地（福建省技术转移中心）	
	6	中国科学院海西育成中心	
	7	福建农林大学海峡创业育成中心	
	8	福建省工研苑塑胶技术研发有限公司	
江西	1	南昌大学科技园发展有限公司	
	2	国家日用及建筑陶瓷工程技术研究中心	
	3	江西省科技咨询服务中心	
	4	赣州市企业技术创新促进中心有限公司	
	5	江西师大科技园发展有限公司	
山东	1	兖矿水煤浆气化及煤化工国家工程研究中心有限公司	
	2	山东建研科技发展有限公司	
	3	济南市产学研协作管理服务中心	
	4	中国科学院山东综合技术转化中心	
	5	济宁市技术市场	
	6	山东大学技术转移中心	
	7	山东力创科技股份有限公司	
	8	山东省科学院高新技术产业（中试）基地（山东省科学院留学人员创业园）	
	9	潍坊高新技术产业开发区技术交易服务中心	
	10	光阳工程技术有限公司	
	11	山东省药学科学院	
	12	鲁南技术产权交易中心	
	13	齐鲁工业大学技术转移中心	
	14	山东省医学科学院药物研究所	
	15	山东百诺医药股份有限公司	
湖北	1	河南省 863 软件孵化器有限公司	
	2	河南省中国科学院科技成果转移转化中心	
	3	郑州高新区大学科技园发展有限公司	
	4	河南省科学技术信息研究院	
	5	洛阳大学科技园发展有限公司	
	6	郑州市科学技术开发中心	

省（市）	机构序号	420 家机构名称
湖北	7	华中科技大学国家技术转移中心
	8	武汉光谷联合产权交易所
	9	武汉科技成果转化服务中心
	10	湖北技术交易所
	11	中钢集团武汉安全环保研究院有限公司安全环保技术推广中心
	12	湖北中科博策新材料研究院
	13	武汉大学技术转移中心
	14	湖北省机电研究设计院
	15	华中农业大学新农村建设研究院
	16	中国科学院湖北产业技术创新与育成中心
	17	武汉光谷新药孵化公共服务平台有限公司
	18	武汉生物技术研究院
	19	武汉信息技术外包服务与研究中心
	20	湖北航天化学技术研究所
	21	三峡大学技术转移中心
	22	湖北长大科技开发有限公司
	23	湖北君诚工程咨询有限公司
	24	武汉工程大学成果转化中心
	25	湖北工业大学成果转化中心
	26	中国地质大学知识产权与技术转移中心
湖南	1	中南大学技术转移中心
	2	湖南大学科技成果与知识产权管理办公室
	3	湖南省技术产权交易所
	4	长沙新技术创业服务中心
	5	中国科学院湖南技术转移中心
	6	湖南湘潭大学生科技创业园有限公司
	7	株洲市技术转移促进中心
	8	长沙技术产权交易所有限公司
	9	阿凡提信息科技（湖南）股份有限公司

续表

省（市）	机构序号	420 家机构名称
广东	1	华南理工大学工业技术研究总院
	2	广州产权交易所广州技术产权交易中心
	3	广东省自动化与信息技术转移中心
	4	广州中国科学院工业技术研究院
	5	广东省农业技术转移与扩散中心
	6	广东华中科技大学工业技术研究院
	7	中国科学院广州能源研究所
	8	广州博士信息技术研究院有限公司
	9	电子科技大学广东电子信息工程研究院
	10	佛山中国科学院产业技术研究院
	11	中山市工业技术研究中心
	12	中国科学院广州生物医药与健康研究院
	13	广州现代产业技术研究院
	14	中山市北京理工大学研究院
	15	中山大学技术转移中心
	16	东莞中国科学院云计算产业技术创新与育成中心
	17	中国科学院广州技术转移中心
	18	广东省微生物研究所
	19	东莞深圳清华大学研究院创新中心
	20	中山康方生物医药有限公司
广西	1	广西东盟技术转移中心
	2	北海技术市场
	3	桂林电器科学研究院有限公司
	4	中国科技开发院广西分院
	5	广西博士海意信息科技有限公司
	6	钦州市技术转移中心
重庆	1	重庆科技检测中心
	2	重庆市科技信息中心
	3	重庆科技成果转化促进会

省（市）	机构序号	420 家机构名称
重庆	4	重庆市科协科技服务中心
	5	重庆市科学技术研究院重庆技术评估与转移服务中心
	6	重庆工业服务港投资管理有限公司
	7	重庆市农业科学院
	8	中国科学院重庆绿色智能技术研究院
四川	1	四川大学国家技术转移中心
	2	四川中物技术有限责任公司
	3	四川省科协企业创新服务中心
	4	成都西南交大技术转移中心有限公司
	5	四川省科学技术信息研究所
	6	成都生产力促进中心
	7	绵阳市农业科学研究院技术转移中心（绵阳农科院）
	8	四川省技术转移中心
	9	中国科学院成都技术转移中心
	10	成都科技服务集团有限公司
	11	四川农业大学新农村发展研究院
	12	西南联合产权交易所有限责任公司
	13	成都天河中西医科技保育有限公司
	14	四川省科技交流中心
	15	电子科技大学科学技术发展研究院
	16	四川西部医药技术转移中心
	17	四川省自然资源科学研究院
	18	自贡市技术转移中心
	19	海天水务集团股份公司技术转移中心
	20	成都西南石油大学科技园发展有限公司
	21	西南科技大学科技园技术转移中心
	22	成都西南交大科技园管理有限责任公司
贵州	1	贵州元通科技发展有限公司
	2	贵州大学科学技术研究院

续表

省（市）	机构序号	420 家机构名称
云南	1	云南技术转移中心暨上海—云南技术转移基地
	2	昆明理工大学技术转移中心
	3	亚太环保股份有限公司
	4	云南省机械研究设计院
	5	云南大学技术转移中心
	6	云南省大学科技园办公室
陕西	1	西安交通大学技术成果转移有限责任公司
	2	西安技术市场
	3	西安高新技术企业协会
	4	陕西省技术转移中心
	5	西安技术产权交易有限公司
	6	西北工业技术研究院
	7	杨凌示范区农村技术开发中心
	8	陕西工业技术研究院
	9	中国科学院水利部水土保持研究所
	10	西安科技产业发展中心
	11	西安科技大市场有限公司
	12	咸阳市技术市场
	13	西安建筑科技大学技术转移中心
	14	长安大学科技产业发展中心
	15	中国重型机械研究院股份公司
	16	国家（杨凌）农业技术转移中心
	17	宝鸡市科技创新交流服务中心
	18	新兴能源科技有限公司
	19	西安中科光机投资控股有限公司
	20	陕西功能食品工程中心有限公司
	21	中国杨凌农业知识产权信息中心
甘肃	1	兰州理工大学高新技术成果推广转化中心
	2	甘肃省科技发展促进中心

省（市）	机构序号	420 家机构名称
甘肃	3	兰州大学科技园技术转移中心
	4	甘肃省农业科学院
	5	甘肃省知识产权事务中心
	6	兰州交大科技成果转化有限公司
	7	甘肃省建材科研设计院
	8	甘肃省轻工研究院
青海	1	青海省科学技术开发中心
	2	西宁市科技创新促进中心
	3	中国科学院青海盐湖研究所
新疆	1	新疆维吾尔自治区科技项目服务中心
	2	新疆申新科技合作基地有限公司
	3	新疆大学技术转移中心
	4	新疆农业科学院
	5	新疆中亚科技信息生产力促进中心
	6	新疆民族药关键技术及工艺工程研究中心
	7	国家荒漠 - 绿洲生态建设工程技术研究中心
新疆生产建设兵团	1	新疆生产建设兵团常设技术市场
	2	石河子科学技术开发交流中心
	3	新疆石达赛特科技有限公司
大连	1	大连理工大学技术转移中心有限公司
	2	中国科学院大连化学物理研究所技术转移转化中心
	3	大连交通大学现代轨道交通研究院
	4	大连工业大学技术转移中心
	5	中昊（大连）化工研究设计院有限公司
	6	大连大科技园
青岛	1	青岛技术产权交易所有限责任公司
	2	山东科技大学科技园管理有限公司
	3	中国科学院青岛产业技术创新与育成中心
	4	青岛市技术市场服务中心

续表

省（市）	机构序号	420 家机构名称
青岛	5	青岛海大新星计算机工程中心
	6	青岛科大都市科技园集团有限公司
	7	青岛中天智诚科技服务平台有限公司
	8	青岛华慧泽知识产权代理有限公司
	9	青岛连城创新技术开发服务有限责任公司
	10	青岛中石大科技创业有限公司
	11	青岛胶科邦信技术服务有限公司
	12	中国海洋大学科学技术处
宁波	1	中国兵器科学研究院宁波分院（中国兵器工业集团军民双向技术转移中心）
	2	中科院宁波材料所所地合作与技术转移办公室
	3	宁波市对外科技交流中心
	4	宁波表面工程研究中心
	5	宁波高新区浙达技术转移咨询有限公司（浙江大学宁波技术转移中心）
	6	宁波市鄞州德来特技术有限公司
厦门	1	厦门海峡科技创业促进有限公司
	2	厦门科易网科技有限公司
	3	中国科学院厦门产业技术创新与育成中心
深圳	1	深圳先进技术研究院工程中心
	2	深圳市南方国际技术交易市场有限公司
	3	深圳联合产权交易所股份有限公司
	4	深圳清华国际技术转移中心
	5	深港产学研基地产业发展中心
	6	深圳市南山科技事务所
	7	深圳中科院知识产权投资有限公司
	8	深圳大学技术转移中心
	9	深圳市对接平台科技发展有限公司
	10	深圳市华创科技创新成果产业转化中心
	11	清华大学深圳研究生院技术转移办公室

第七部分

2023 年大事记

1 月 5 日　火炬中心印发《关于开展国家技术转移机构考核评价工作的通知》，进一步加强对国家技术转移机构的规范化管理，提升国家技术转移机构的专业化服务能力，促进新时期技术要素市场高质量发展。

3 月 10 日　为贯彻落实党的二十大精神，按照《中共中央国务院关于构建更加完善的要素市场化配置体制机制的意见》相关要求，火炬中心印发了《高质量培养科技成果转移转化人才行动方案》。

3 月 25 日　中银－火炬"创新积分贷"在京发布。为贯彻落实党中央关于金融支持科技创新的决策部署，科技部深入研究科技金融发展战略与政策，持续深化与金融部门及机构合作，切实引导金融资本流向科技创新领域。中银－火炬"创新积分贷"是科技部与中国银行战略合作的标志性成果，建立了一套适应科技企业特点的全新信贷模型，在引领科技金融产品创新方面作出示范和表率。

5 月 17 日　为加快建设现代化产业体系，深入实施创新驱动发展战略，推动创新链产业链资金链人才链深度融合，科学评价国家火炬产业基地发展质量和效益，引导国家火炬产业基地高端化、集群化、绿色化发展，支撑引领传统产业转型升级和新兴产业培育，火炬中心印发了《国家火炬产业基地评价指标体系》。

5 月 22 日　工业和信息化部等十部门发布《科技成果赋智中小企业专项行动（2023—2025

注：火炬中心指工业和信息化部火炬高技术产业开发中心。

年》。为深入贯彻党的二十大精神，落实《助力中小微企业稳增长调结构强能力若干措施》有关任务要求，破解当前中小企业科技创新能力不强、数字化网络化智能化能力薄弱等难题，进一步提高科技成果转化和产业化水平，推动科技成果有效"赋智"中小企业，持续增强中小企业核心竞争力，带动更多中小企业走"专精特新"发展之路。

7月7日　火炬中心印发《关于启动2023年度火炬科技成果直通车工作的通知》，在天津、江苏等20个省（自治区、直辖市及计划单列市）举办32场直通车活动。直通车活动聚焦科技成果的资本化、产业化、国际化，搭建政府、高校院所、企业、投资机构和服务机构多方联动的成果转化平台，带动产业链供应链协同创新，加快推动科技成果落地转化。

8月　根据《党和国家机构改革方案》，火炬中心划入工业和信息化部，11月，根据中央编办批复，原"科学技术部火炬高技术产业开发中心"正式更名为"工业和信息化部火炬高技术产业开发中心"。

9月18日　为深入贯彻落实习近平总书记关于国家高新区的重要指示精神，谋划国家高新区高质量发展，工业和信息化部组织召开国家高新区管理工作座谈会，会上，工业和信息化部有关负责同志介绍了本次机构改革有关情况和下一步国家高新区发展的总体考虑。

9月26日，第十二届中国创新创业大赛全国赛开幕式在湖南长沙举办，大赛以"创新引领，创业筑梦"为主题，着力强化科技企业的择优遴选和梯次培育，促进科技—产业—金融良性循环，提升企业技术创新和成果转化能力，构建企业主导产学研高效协同深度融合的创新要素集聚平台，围绕新一代信息技术、生物医药、高端装备制造、新材料、新能源、新能源汽车、节能环保等战略性新兴产业领域组织比赛。

12月12日　工业和信息化部举行"发挥国家高新区作用 加快推进新型工业化"新闻发布会，工信部火炬中心有关负责同志出席会议并发表讲话。

12月18日　国务院总理李强主持召开国务院常务会议，听取了关于加快建设全国统一大市场工作进展的汇报。会议指出，要加快完善市场准入、产权保护和交易、数据信息、社会信用等方面的基础性制度，积极稳妥推进财税、统计等重点领域改革，加大先行先试探索力度，把有利于全国统一大市场建设的各项制度规则立起来。

12月31日　2023年全国共签订技术合同94.6万项，成交额为6.15万亿元，分别比上年增长22.5%和28.6%。

第八部分

政策篇

国务院办公厅关于印发《专利转化运用专项行动方案（2023—2025年）》的通知

国办发〔2023〕37号

各省、自治区、直辖市人民政府，国务院各部委、各直属机构：

《专利转化运用专项行动方案（2023—2025年）》已经国务院同意，现印发给你们，请认真贯彻执行。

国务院办公厅

2023年10月17日

专利转化运用专项行动方案
（2023—2025 年）

为贯彻落实《知识产权强国建设纲要（2021—2035 年）》和《"十四五"国家知识产权保护和运用规划》，大力推动专利产业化，加快创新成果向现实生产力转化，开展专利转化运用专项行动，制定本方案。

一、总体要求

以习近平新时代中国特色社会主义思想为指导，全面贯彻落实党的二十大精神，聚焦大力推动专利产业化，做强做优实体经济，有效利用新型举国体制优势和超大规模市场优势，充分发挥知识产权制度供给和技术供给的双重作用，有效利用专利的权益纽带和信息链接功能，促进技术、资本、人才等资源要素高效配置和有机聚合。从提升专利质量和加强政策激励两方面发力，着力打通专利转化运用的关键堵点，优化市场服务，培育良好生态，激发各类主体创新活力和转化动力，切实将专利制度优势转化为创新发展的强大动能，助力实现高水平科技自立自强。

到 2025 年，推动一批高价值专利实现产业化。高校和科研机构专利产业化率明显提高，全国涉及专利的技术合同成交额达到 8000 亿元。一批主攻硬科技、掌握好专利的企业成长壮大，重点产业领域知识产权竞争优势加速形成，备案认定的专利密集型产品产值超万亿元。

二、大力推进专利产业化，加快专利价值实现

（一）梳理盘活高校和科研机构存量专利

建立市场导向的存量专利筛选评价、供需对接、推广应用、跟踪反馈机制，力争 2025 年底前实现高校和科研机构未转化有效专利全覆盖。由高校、科研机构组织筛选具有潜在市场价值的专利，依托全国知识产权运营服务平台体系统一线上登记入库。有效运用大数据、人工智能等新技术，按产业细分领域向企业匹配推送，促成供需对接。基于企业对专利产业化前景评价、专利技术改进需求和产学研合作意愿的反馈情况，识别存量专利产业化潜力，分层构建可转化的专利资源库。加强地方政府部门、产业园区、行业协会和全国知识产权运营服务平台体系等各方协同，根据存量专利分层情况，采取差异化推广措施。针对高价值存量专利，匹配政策、服务、资本等优质资源，推动实现快速转化。在盘活存量专利的同时，引导高校、科研机构在科研活动中精准对接市场需求，积极与企业联合攻关，形成更多符合产业需要的高价值专利。

（二）以专利产业化促进中小企业成长

开展专精特新中小企业"一月一链"投融资路演活动，帮助企业对接更多优质投资机构。推动专项支持的企业进入区域性股权市场，开展规范化培育和投后管理。支持开展企业上市知识产权专项服务，加强与证券交易所联动，有效降低上市过程中的知识产权风险。

（三）推进重点产业知识产权强链增效

以重点产业领域企业为主体，协同各类重大创新平台，培育和发现一批弥补共性技术短板、具有行业领先优势的高价值专利组合。围绕产业链供应链，建立关键核心专利技术产业化推进机制，推动扩大产业规模和效益，加快形成市场优势。支持建设产业知识产权运营中心，组建产业知识产权创新联合体，遵循市场规则，建设运营重点产业专利池。深入实施创新过程知识产权管理国际标准，出台标准与专利协同政策指引，推动创新主体提升国际标准制定能力。面向未来产业等前沿技术领域，鼓励探索专利开源等运用新模式。

（四）培育推广专利密集型产品

加快完善国家专利密集型产品备案认定平台，以高新技术企业、专精特新企业、科技型企业等为重点，全面开展专利产品备案，2025 年底前实现全覆盖，作为衡量专利转化实施情况的基础依据。围绕专利在提升产品竞争力和附加值中的实际贡献，制定出台专利密集型产品认定国家标准，分产业领域开展统一认定。培育推广专利密集型产品，健全专利密集型产业增加值核算与发布机制，加强专利密集型产业培育监测评价。

三、打通转化关键堵点，激发运用内生动力

（五）强化高校、科研机构专利转化激励

探索高校和科研机构职务科技成果转化管理新模式，健全专利转化的尽职免责和容错机制，对专利等科技成果作价入股所形成国有股权的保值增值实施按年度、分类型、分阶段整体考核，不再单独进行个案考核。对达成并备案的专利开放许可，依法依规予以技术合同登记认定。推动高校、科研机构加快实施以产业化前景分析为核心的专利申请前评估制度。强化职务发明规范管理，建立单位、科研人员和技术转移机构等权利义务对等的知识产权收益分配机制。加强产学研合作协议知识产权条款审查，合理约定权利归属与收益分配。支持高校、科研机构通过多种途径筹资设立知识产权管理资金和运营基金。推动建立以质量为导向的专利代理等服务招标机制。

（六）强化提升专利质量促进专利产业化的政策导向

各地区、各有关部门在涉及专利的考核中，要突出专利质量和转化运用的导向，避免设置专利申请量约束性指标，不得将财政资助奖励政策与专利数量简单挂钩。在各级各类涉及专利指标的项目评审、机构评估、企业认定、人才评价、职称评定等工作中，要将专利的转化效益作为重要评价标准，不得直接将专利数量作为主要条件。出台中央企业高价值专利工作指引，引导企业提高专利质量效益。启动实施财政资助科研项目形成专利的声明制度，加强跟踪监测和评价反馈，对于授权超过 5 年没有实施且无正当理由的专利，国家可以无偿实施，也可以许可他人有偿实施或无偿实施，促进财政资助科研项目的高价值专利产出和实施。

（七）加强促进转化运用的知识产权保护工作

加强地方知识产权综合立法，一体推进专利保护和运用。加强知识产权保护体系建设。

四、培育知识产权要素市场，构建良好服务生态

（八）高标准建设知识产权市场体系

完善专利权转让登记机制，完善专利开放许可相关交易服务、信用监管、纠纷调解等配套措施。创新先进技术成果转化运用模式。优化全国知识产权运营服务平台体系，支持国家知识产权和科技成果产权交易机构链接区域和行业交易机构，在知识产权交易、金融、专利导航和专利密集型产品等方面强化平台功能，搭建数据底座，聚焦重点区域和产业支持建设若干知识产权运营中心，形成线上线下融合、规范有序、充满活力的知识产权运用网络。建立统一规范的知识产权交易制度，推动各类平台互联互通、开放共享，实现专利转化供需信息一点发布、全网通达。建立知识产权交易相关基础数据统计发布机制，健全知识产权评估体系，鼓励开发智能化评估工具。建立专利实施、转让、许可、质押、进出口等各类数据集成和监测机制。2024 年底前，完成技术合同登记与专利转让、许可登记备案信息共享，扩大高校、科研机构专利实施许可备案覆盖面。

（九）推进多元化知识产权金融支持

加大知识产权融资信贷政策支持力度，稳步推广区域性股权市场运营管理风险补偿基金等机制安排，优化知识产权质物处置模式。开展银行知识产权质押融资内部评估试点，扩大银行业金融机构知识产权质押登记线上办理试点范围。完善全国知识产权质押信息平台，扩展数据共享范围。探索创业投资等多元资本投入机制，通过优先股、可转换债券等多种形式加大对企业专利产业化的资金支持，支持以"科技成果＋认股权"方式入股企业。探索推进知识产权证券化，探索银行与投资机构合作的"贷款＋外部直投"等业务模式。完善知识产权保险服务体系，探索推行涉及专利许可、转化、海外布局、海外维权等保险新产品。

（十）完善专利转化运用服务链条

引导树立以促进专利产业化为导向的服务理念，拓展专利代理机构服务领域，提供集成化专利转化运用解决方案。培育一批专业性强、信用良好的知识产权服务机构和专家型人才，参与服务各级各类科技计划项目，助力核心技术攻关和专利转化运用。加大知识产权标准化数据供给，鼓励开发好使管用的信息服务产品。面向区域重大战略、重点产业领域、国家科技重大项目、国家战略科技力量，深入开展专利转化运用服务精准对接活动。加快推进知识产权服务业集聚区优化升级，到 2025 年，高质量建设 20 个国家知识产权服务业集聚发展示范区。

（十一）畅通知识产权要素国际循环

发挥自由贸易试验区、自由贸易港的示范引领作用，推进高水平制度型开放，不断扩大知识产权贸易。加快国家知识产权服务出口基地建设。推出更多技术进出口便利化举措，引导银行为技术进出口企业提供优质外汇结算服务。鼓励海外专利权人、外商投资企业等按照自愿平等的市场化原则，转化实施专利技术。建立健全国际大科学计划知识产权相关规则，支持国际科技合作纵深发展。探索在共建"一带一路"国家、金砖国家等开展专利推广应用和普惠共享，鼓励国际绿色技术知识产权开放实施。

五、强化组织保障，营造良好环境

（十二）加强组织实施

坚持党对专利转化运用工作的全面领导。成立由国家知识产权局牵头的专利转化运用专项行动工作专班，落实党中央、国务院相关决策部署，研究重大政策、重点项目，协调解决难点问题，推进各项任务落实见效。各地区要加强组织领导，将专利转化运用工作纳入政府重要议事日程，落实好专项行动各项任务。2023年启动第一批专利产业化项目，逐年滚动扩大实施范围和成效。

（十三）强化绩效考核

各地区要针对专利产业化项目中产生的高价值专利和转化效益高的企业等，定期做好分类统计和总结上报。国家知识产权局要会同相关部门定期公布在专项行动中实现显著效益的高价值专利和企业。将专项行动绩效考核纳入国务院督查事项，对工作成效突出的单位和个人按国家有关规定给予表彰。

（十四）加大投入保障

落实好支持专利转化运用的相关税收优惠政策。各地区要加大专利转化运用投入保障，引导建立多元化投入机制，带动社会资本投向专利转化运用。

（十五）营造良好环境

实施知识产权公共服务普惠工程，健全便民利民知识产权公共服务体系，推动实现各类知识产权业务"一网通办"和"一站式"服务。加强宣传引导和经验总结，及时发布先进经验和典型案例，在全社会营造有利于专利转化运用的良好氛围。

江苏省财政厅、江苏省科学技术厅关于印发《江苏省科技计划专项资金管理办法》的通知

苏财规〔2023〕1 号

各市、县（市、区）财政局、科技局：

为深入实施创新驱动发展战略，发挥科技计划对全省科技创新的导向作用，推动科技资源配置更加科学高效，提升科技创新产出效能，省财政厅、省科技厅研究制定了《江苏省科技计划专项资金管理办法》，现印发给你们，请遵照执行。

附件：江苏省科技计划专项资金管理办法

江苏省财政厅

江苏省科学技术厅

2023 年 1 月 13 日

江苏省科技计划专项资金管理办法

（苏财规〔2023〕1号）

第一章　总则

第一条　为深入实施创新驱动发展战略，规范和加强省科技计划专项资金使用管理，提高资金使用效益，根据《中华人民共和国预算法》《江苏省省级财政专项资金管理办法》《省政府办公厅关于改革完善江苏省省级财政科研经费管理的实施意见》《江苏省科技领域省与市县财政事权和支出责任划分改革方案》等相关规定，制定本办法。

第二条　本办法所称省科技计划专项资金（以下简称"科技计划资金"）是由目标明确、边界清晰的有关专项科技计划组成，面向江苏经济社会发展重大创新需求，支持我省各类创新主体开展基础研究、关键核心技术攻关、创新平台建设运行和支撑我省高水平创新体系建设，推动科技资源配置更加科学高效，提升科技创新产出效能的专项资金。

第三条　科技计划资金的使用和管理遵循"突出重点、分类支持、科学管理、注重绩效"的原则。

第二章　机构职责

第四条　省财政厅会同省科技厅制定《江苏省科技计划专项资金管理办法》；组织专项资金预算编制，配合省科技厅发布申报指南或申报通知，审核专项资金使用方案，下达专项资金，进行专项资金监管并组织开展预算绩效管理工作。

第五条　省科技厅参与制定《江苏省科技计划专项资金管理办法》，编制并发布项目申报指南或申报通知；组织项目申报与评审，提出项目安排建议及专项资金使用方案；对项目组织实施进行监管；按规定组织开展专项资金预算绩效管理工作，对项目有关责任主体实施科研诚信管理等。

第六条　项目主管部门负责本地区（部门）、本单位申报项目的审核推荐、实施管理和经费监管，督促项目承担单位及负责人按期实施和完成项目。协助或受省科技厅委托开展项目检查、评估、验收和绩效评价以及其他与项目管理监督有关的工作等。

第七条　项目承担单位是项目实施的责任主体，按照有关规定和合同要求，组织实施项目、完成目标任务，依法依规使用项目经费，如实填写项目申报书、总结报告、验收材料、科技报告等，

并按要求汇交科学数据，及时报告项目实施过程中的重要变化事项，接受并配合省科技厅、省财政厅、项目主管部门等组织开展的监督检查，以及其他与项目组织实施有关的工作等。

第三章　资金支持范围

第八条　科技计划资金主要用于以下方面：

（一）基础研究计划（自然科学基金）。面向世界科技前沿，开展"从 0 到 1"的原始创新研究，强化基础研究的应用导向和原创导向，推动制约经济社会发展的基础科学技术问题突破，加强顶尖科学家和青年优秀人才培养。

（二）重点研发计划。面向经济社会重大需求和人民生命健康，加快具有自主知识产权的关键核心技术突破，开展产业前瞻和关键核心技术研发、现代农业、社会发展领域技术创新与示范应用等，增强产业技术创新能力，提升产业自主可控水平。

（三）创新能力建设计划。加强国家战略科技力量培育，通过支持科学与工程研究、技术创新与成果转化、资源共享与科技服务等科技创新基地的建设和运行，优化重大科研基地和创新平台布局，打造一批具有较强影响力、标志性的创新平台载体，完善科研条件，构建布局科学、衔接高效、良性运行的创新平台和科技服务体系，为实现高水平科技自立自强提供重要保障。

（四）创新支撑计划。以提升创新体系建设水平为目标，围绕重大创新战略任务，加强科技人才培养引进、科技政策研究、国际科技合作及港澳台科技合作、乡村产业振兴、科技型创业企业孵育、科学技术奖励等针对性部署，营造良好创新创业环境，支撑我省高水平创新体系建设。

（五）其他方面。围绕省委、省政府重点工作部署，由省科技厅立项支持的其他科技创新项目，以及与国家、省有关部门和地方共同组织实施的项目等。

第四章　项目管理

第九条　项目立项管理。

（一）指南发布。省科技厅根据全省科技发展规划和年度省委省政府工作部署，编制项目申报指南或申报通知，会同省财政厅共同发布。

（二）项目申报。对符合申报条件的项目，由项目申报单位按要求向所属项目主管部门申报，项目主管部门审核后向省科技厅推荐申报。

（三）专家咨询（论证）。省科技厅直接或委托专业机构组织专家对申报项目进行专家咨询（论证），可根据需要采取网络评审、会议评审（论证）答辩、现场考察等形式，并实行回避制度、保密制度和专家轮换制度。

（四）项目审定立项。省科技厅结合专家咨询（论证）意见，根据年度专项资金预算，研究提出项目安排建议及专项资金使用方案并会商省财政厅，按有关要求履行报批程序后按规定进行项目立项公示。经公示无异议后，省科技厅根据项目实施管理相关要求，与项目承担单位、项目主管部门签订科技计划项目合同。

第十条　项目实施管理。

（一）实行法定代表人负责制。项目承担单位法定代表人对本单位所承担的项目组织实施和经费使用负主体责任。

（二）项目过程管理。项目承担单位按要求定期填报项目执行情况。省科技厅根据有关管理规定和合同约定条款，视情组织开展中期检查或中期评估，检查或评估的结果作为项目分年度拨款和评价的重要依据。

（三）项目结题验收。项目承担单位完成合同约定的目标和任务，并按规定对项目经费使用情况进行决算审计后提出验收申请，报经项目主管部门审核后提交省科技厅。省科技厅直接或委托项目主管部门、专业机构，组织专家组依据项目合同所确定的研究内容和考核指标开展验收，并出具专家组验收意见，省科技厅根据专家组和项目主管部门综合意见作出是否通过验收的结论。开展科研项目验收结题财务管理试点的单位，可由其出具科研项目经费决算报表作为验收结题依据。

（四）重要事项报告制度。项目实施过程中，出现研究目标、研究内容、项目负责人、项目承担单位等重大事项发生变动，以及因不可抗拒因素影响项目实施等重要情况，承担单位须及时提出书面报告，经项目主管部门审查并出具书面意见后，报省科技厅审批。

第十一条　部省联动、省地联动等联动项目的立项和管理按照相关合作协议约定内容及有关管理规定执行。

第五章　资金使用与管理

第十二条　省财政厅按程序报批后，会同省科技厅下达资金，资金支持方式主要包括无偿资助、贷款贴息、奖励、后补助等。根据项目实施管理需要，可采取分年度拨款方式，合同签定后首次拨付比例原则上不低于资助总额度的60%,通过中期检查后再拨付其余资金。探索实行"赛马"制、里程碑考核等新机制的项目，资金拨付比例按照合同约定执行。

第十三条　科技计划资金中采用项目制立项管理的，按照省级财政科研项目经费进行管理，由直接费用和间接费用组成。实行经费包干制的项目无需编制项目预算。

科技计划资金中采用非项目形式支持的，应当按照省科技厅、省财政厅有关要求进行管理和使用。相关单位应确保专项资金专款专用，专项用于相关科技创新工作。

第十四条　直接费用是指在项目实施过程中发生的与之直接相关的费用。主要包括：

（一）设备费。是指在项目实施过程中购置或试制专用仪器设备，对现有仪器设备进行升级改造，以及租赁外单位仪器设备而发生的费用。计算类仪器设备和软件工具可在设备费科目列支。

应当严格控制设备购置，鼓励开放共享、自主研制、租赁专用仪器设备以及对现有仪器设备进行升级改造，避免重复购置。

（二）业务费。是指在项目实施过程中消耗的各种材料、辅助材料等低值易耗品的采购、运输、装卸、整理等费用，发生的测试化验加工、燃料动力、出版 / 文献 / 信息传播 / 知识产权事务、会议 / 差旅 / 国际合作交流等费用，以及其他相关支出。

对国内差旅费中的伙食补助费、市内交通费和难以取得发票的住宿费探索实行包干制的项目承担单位，应制定相应的财务管理规定并承担主体责任。

（三）劳务费。是指在项目实施过程中支付给参与项目的研究生、博士后、访问学者和项目聘用的研究人员、科研辅助人员等的劳务性费用，以及支付给临时聘请的咨询专家的费用等。

项目聘用人员劳务费开支标准，参照当地科学研究和技术服务业从业人员平均工资水平，根据其在项目研究中承担的工作任务确定，其由单位缴纳的社会保险补助、住房公积金等纳入劳务费科目开支。

支付给临时聘请的咨询专家的费用，不得支付给参与本项目及所属课题研究和管理的相关人员，其管理按照国家和省级有关规定执行。

第十五条 间接费用是指承担单位在组织实施项目过程中发生的无法在直接费用中列支的相关费用。主要包括承担单位为项目研究提供的房屋占用，日常水、电、气、暖等消耗，有关管理费用的补助支出，以及激励科研人员的绩效支出等。

间接费用使用实行总额控制，按照直接费用扣除设备购置费后的一定比例核定。具体比例为：500 万元以下部分为不超过 30%；500 万元至 1000 万元的部分为不超过 25%；1000 万元以上的部分为不超过 20%。对数学等纯理论基础研究项目，间接费用比例最高不超过 60%。项目有多个参与单位的，间接费用在总额范围内由项目承担单位与参与单位协商分配。

项目承担单位可将间接费用全部用于绩效支出，并向创新绩效突出的团队和个人倾斜。间接费用中绩效支出纳入项目承担单位绩效工资总量管理，不计入项目承担单位年度绩效工资基数。项目承担单位不得在核定的间接费用以外再以任何名义在项目经费中重复提取、列支相关费用。

第十六条 项目负责人可在项目总预算范围内，根据科研活动实际需要自主调剂直接费用全部科目经费支出，不受比例限制，由项目承担单位办理调剂手续。

第十七条 创新财政科研经费支持方式，探索新型研发机构"预算 + 负面清单"管理模式。

第十八条 项目完成任务目标并通过验收后，结余经费可留归项目组用于后续科研活动直接支出或由项目承担单位统筹用于科研活动直接支出。

第十九条 项目未能按合同要求完成任务目标的，由项目主管部门提出处理意见报省科技厅。省科技厅根据项目具体情况对项目作出总结、终止、撤销、强制终止等结题批复，并会同省财政厅对相关财政资金提出处理意见。

第二十条 项目实施过程中，行政及事业单位使用专项资金形成的固定资产属于国有资产，应当按照国家和省级有关国有资产管理的规定执行。企业使用专项资金形成的固定资产，按照《企业财务通则》等有关规章制度执行。项目承担单位使用专项资金形成的知识产权等无形资产的管理，按国家和省级有关规定执行。使用专项资金形成的大型科学仪器设备、科学数据、自然科技资源等，应按照规定开放共享。

第六章　财会监督与预算绩效管理

第二十一条　省财政厅、省科技厅根据职责和分工，建立覆盖资金管理使用全过程的资金监督机制。加强财会监督、预算绩效管理、日常监督与审计监督的贯通协调，增强监督合力，加强信息共享。

第二十二条　项目承担单位应主动接受财政、科技、审计等部门的监督检查、财政评价和财务审计，加强专项资金的使用管理，确保经费合理规范使用。

第二十三条　项目承担单位、项目负责人、课题负责人等在专项资金项目经费申请和使用管理中存在以下行为的，省财政厅、省科技厅依照有关规定视情节轻重采取责令整改、约谈、暂停项目拨款、终止项目执行、撤销项目、收回项目结余资金、追回已拨资金、阶段性限制相关单位或人员项目申报资格等措施。违反相关法律法规规章的，按照规定予以处理处罚。涉嫌犯罪的，移送司法机关处理。

（一）编报虚假预算等项目材料；

（二）未对专项资金进行单独核算；

（三）列支与本项目任务无关的支出；

（四）未按规定执行和调剂预算、违反规定转拨专项资金；

（五）虚假承诺其他来源资金；

（六）通过虚假合同、虚假票据、虚构事项、虚报人员等弄虚作假，转移、套取、报销专项资金；

（七）截留、挤占、挪用专项资金；

（八）设置账外账、随意调账变动支出、随意修改记账凭证、提供虚假财务会计资料等；

（九）使用项目资金列支应当由个人负担的有关费用和支付各种罚款、捐款、赞助、投资、偿还债务等；

（十）其他违反国家财经纪律的行为。

第二十四条　省财政厅会同省科技厅完善专项资金绩效考核体系，进一步探索建立与不同类型科研活动规律相适应的分类评价制度，切实提高财政资金的使用效能。强化绩效评价结果的运用，将绩效评价结果作为项目调整、后续支持的重要依据。

第七章　附则

第二十五条　本办法由省财政厅、省科技厅负责解释。

第二十六条　省财政厅、省科技厅可根据本办法制订各专项计划资金使用管理的实施细则。引进外国人才、省科学技术奖励相关资金分别按相关办法执行。

第二十七条　本办法自 2023 年 2 月 15 日起施行，有效期至 2027 年。《江苏省重点研发计划专项资金管理办法（暂行）》（苏财规〔2017〕23 号）、《江苏省政策引导类计划专项资金管理办法（暂行）》（苏财规〔2017〕25 号）、《江苏省基础研究（省自然科学基金）专项资金管理办法（暂行）》（苏财规〔2017〕26 号）、《江苏省创新能力建设专项资金管理办法（暂行）》（苏财规〔2017〕27 号）同时废止。

上海市科委　市教委　市卫生健康委
市发展改革委　市财政局
市人力资源社会保障局
市知识产权局关于印发
《上海市科技成果转化创新改革试点实施方案》的
通知

（2023 年 7 月 31 日）

沪科规〔2023〕9 号

各有关单位：

　　为深化科技成果使用权、处置权和收益权改革，充分激发科研人员创新创造活力，促进科技成果转移转化，根据国家和本市有关政策，结合本市前期相关试点成效和经验，现印发《上海市科技成果转化创新改革试点实施方案》，请结合实际积极参与试点，认真贯彻实施。

上海市科技成果转化创新改革试点实施方案

为贯彻党的二十大精神，按照十二届市委三次全会部署，深化科技成果使用权、处置权和收益权改革，充分激发科研人员创新创造活力，促进科技成果转移转化，根据《"十四五"技术要素市场专项规划》《关于本市进一步放权松绑激发科技创新活力的若干意见》等文件精神，现就开展本市科技成果转化创新改革试点制定本实施方案。

一、总体要求

（一）指导思想

以习近平新时代中国特色社会主义思想为指导，全面贯彻党的二十大精神，把握加快建设具有全球影响力的科技创新中心契机，深入实施创新驱动发展战略，树立科技成果只有转化才能真正实现创新价值、不转化是最大损失的理念，创新促进科技成果转化的机制和模式，着力破除制约科技成果转化的障碍和藩篱，促进科技与经济深度融合。

（二）基本原则

夯实责任，增强动力。充分总结本市前期相关改革试点经验，形成推广举措；强化试点单位主体责任，提升参与试点的主动性。

市场决定，政府引导。遵循市场经济和科技创新规律，充分发挥市场配置资源的决定性作用，实现效益最大化和效率最优化。政府加强组织协调、政策引导、服务保障，实行审慎包容监管。

问题导向，精准施策。聚焦科技成果转化的"细绳子"堵点问题，注重改革举措的可操作性，统筹协调更多技术要素市场资源、汇聚更多专业力量，予以支撑保障。

（三）试点对象

面向本市改革试点意愿强烈、转化机制完备、科技成果转化示范作用突出的高等院校、科研院所和医疗卫生机构等科研事业单位，鼓励中央在沪科研事业单位参与实施。

二、主要任务

科技成果转化创新改革试点将围绕科技成果产权制度改革、科技成果运营管理、科技成果转化合规保障 3 个方面，包括 7 项改革试点任务、1 项保障任务。

（一）赋予科研人员职务科技成果所有权

试点单位科研人员完成的职务科技成果所有权属于单位，为国有资产。深化科技成果产权制度改革，在明确单位科技成果转化权益前提下，试点实施职务科技成果全部或部分赋予成果完成人。试点单位可结合本单位实际，将单位所持有的职务科技成果所有权部分赋予成果完成人，试点单位与成果完成人成为共同所有权人；也可将留存的所有权份额，以技术转让的方式让渡给成果完成人，科研人员获得全部所有权后，自主转化。对可能影响国家安全、国防安全、公共安全、经济安全、社会稳定等事关国家利益和重大社会公共利益，以及涉及国家秘密的职务科技成果，不纳入赋权范围。

科技成果完成人应与团队内部协商一致，书面约定内部收益分配比例等事项，指定代表向单位提出赋权申请，试点单位进行审批并在单位内公示，公示期不少于 15 日。试点单位应与成果完成人签署书面协议，合理约定转化科技成果收益分配比例、转化决策机制、转化费用分担以及知识产权维持费用等，明确职务科技成果各方的权利和义务。

（二）赋予科研人员职务科技成果长期使用权

试点单位可赋予科研人员不低于 10 年的职务科技成果长期使用权。科技成果完成人应向单位申请并提交成果转化实施方案，由其单独或与其他单位共同实施该项科技成果转化。试点单位进行审批并在单位内公示，公示期不少于 15 日。试点单位与科技成果完成人应签署书面协议，合理约定成果收益分配等事项。在科研人员履行协议、科技成果转化取得积极进展、收益情况良好的情况下，试点单位可进一步延长科研人员长期使用权期限。试点结束后，试点期内签署生效的长期使用权协议应当按照协议约定继续履行。

（三）建立职务科技成果单列管理制度

充分赋予试点单位科技成果管理自主权，支持市级试点单位按照市级事业单位有关促进科技成果转化的简政放权国有资产管理政策，开展职务科技成果单列管理，中央在沪单位结合实际进行积极探索。

试点单位应遵循科技成果转化规律，落实职能部门、优化管理流程、完善考核方式，探索建立区别一般国有资产的科技成果资产管理制度，开展台账登记、权利维护、成果放弃等贯穿科技成果转化全链条的成果管理，完善科技成果资产确认、使用和处置等规范化的资产管理，建立健全市场导向的价值评估路径，推动科技成果管理从"行政控制资产"向"市场配置资源"转变。

试点单位将科技成果转让、许可或作价投资给国有全资企业的，可以不进行资产评估。试点单位将其持有的科技成果转让、许可或作价投资给非国有全资企业的，由单位自主决定是否进行资产评估。转化科技成果所获得的收入全部留归试点单位，纳入单位预算，不上缴国库，由单位用于科学技术研究开发与成果转化等相关工作。

（四）建立专业高效的科技成果运营机制

试点单位应建立专门的技术转移机构（部门），加强经费保障。技术转移机构（部门）应建立专业高效、机制灵活、模式多样的科技成果运营服务体系，积极与第三方专业技术转移机构合作，建立利益分享机制，共同开展专利申请前成果披露、转化价值评估、转化路径设计、知识产权保护、技术投融资等服务，或委托其开展专利等科技成果的集中托管运营。

（五）建立科技成果转化相关人员激励制度

试点单位应建立健全科技成果转化相关人员的岗位保障和职级晋升制度，根据科技成果转化和专业服务人员的人才特点，分类建立岗位考核、职称晋升机制。有条件的高校可开展技术转移方向学历教育，加强技术转移人才储备。

（六）建立科研人员创业企业发展通道

建立产权界定清晰、收益分配明确的合规发展机制，支持试点单位通过赋予科研人员职务科技成果所有权或长期使用权方式，进一步打通科研人员创办企业的通道。允许试点单位对过往利用单位职务科技成果自主创办企业进行合规整改。

（七）建立科技成果转化尽职免责制度

试点单位应夯实科技成果转化主体责任，明确在科技成果转化过程中的责任主体、责任范围、免责范围、免责方式、负面清单等事项，落实"三个区分开来"的原则，形成符合单位实际的尽职免责制度。

（八）建立科技成果市场化评价与合规交易保障机制

本市技术交易场所应主动服务试点单位创新改革事项，建立适用科技成果单列管理等任务落实的科技成果权益登记服务制度，保障试点单位合规免责交易；建立合理可行的科技成果市场化评价机制，联动一批具有技术价值评估能力的专业机构，推动成果价值发现，支撑成果持有方转化决策和资金方投资决策。

三、试点要求

（一）加强组织实施

试点单位应高度重视试点工作，成立科技成果转化领导小组或专项领导小组，做好单位内部科研、财务、国资、人事、纪检、审计等部门组织协调工作。

（二）制定管理制度

试点单位应结合实际，对照任务事项开展试点，在试点后1年内建立配套管理制度，包括不同赋权方式的工作流程、决策机制，科技成果单列管理制度、尽职免责制度等；健全职务科技成果归属及转化收益分配、科研人员创业等机制。

（三）强化支撑保障

试点单位应依托单位技术转移机构（部门）或指定相关管理机构落实试点任务。依托机构（部门）应主动挖掘可转化成果，联合第三方专业技术转移机构，做好成果转化服务，加强与大学科技园等孵化载体的协同，为转化成果形成衍生公司提供载体支撑。

（四）及时总结报告

试点单位应做好试点工作总结，通过年度报告制度、技术合同登记等方式，按要求报告年度试点执行情况，及时梳理典型举措和存在问题。

四、试点保障

（一）加强组织协调

在市促进科技成果转移转化联席会议制度下，市科委会同市相关部门建立改革试点工作专题推进组，做好与国家有关部门的沟通协调工作。至少每季度召开试点单位专题交流会，对试点单位碰到的问题和偏差，及时予以解决和修正。对试点单位形成的经验举措，及时总结评估，做好经验推广。

（二）加强资源配置

加强对试点单位的指导与服务，强化对试点单位及其成果转化活动的政策引导、资源配置。引导试点单位组建试点单位联盟，导入各类专业技术转移机构、平台资源，形成经验分享、相互学习、合作共赢的开放氛围。依托国家技术转移人才培养基地等平台，为技术转移方向学历教育和非学历技术经理人培养提供专业课程、实训基地，根据试点单位实际需要，优先配备实习技术经理人。

（三）审慎包容监管

在坚守底线思维前提下，允许创新试错、市场自我纠偏。市科委会同市相关部门建立尽职免责制度指引、职务科技成果单列管理操作指引，确保改革试点工作落实见效，激发试点单位的转化积极性和科研人员干事创业的主动性、创造性。

五、试点安排

（一）试点期限

试点启动后 3 年。

（二）申报流程

市科委经与市相关部门协商后，根据本实施方案发布试点通知。申报单位按照通知要求，编制试点实施方案，市科委联合相关委办局组织专家论证后，发文明确试点单位名单。

附件：1. 上海市科技成果转化尽职免责制度指引

2. 上海市职务科技成果单列管理操作指引

附件1　上海市科技成果转化尽职免责制度指引

第一条（依据）为落实《"十四五"技术要素市场专项规划》《上海市促进科技成果转化条例》《上海市推进科技创新中心建设条例》等文件精神，推广本市相关改革试点经验，结合本市实际情况，制定本指引。

第二条（目的）着力破除制约科技成果转化的障碍和藩篱，消除科研人员、管理人员和领导人员开展科技成果转化的顾虑，激发试点单位的转化积极性和科研人员干事创业的主动性、创造性，进一步推动科技成果转化，促进科技与经济深度融合。

第三条（原则）树立科技成果只有转化才能真正实现创新价值、不转化是最大损失的理念，落实"三个区分开来"的原则，把因缺乏经验先行先试出现的失误与明知故犯行为区分开来，把国家尚无明确规定时的探索性行为与国家明令禁止后的有规不依行为区分开来，把为推动改革的无意过失与谋取私利的故意行为区分开来。

第四条（保障）试点单位应夯实科技成果转化主体责任，做好单位内部科研、财务、国资、人事、纪检、审计等部门组织协调工作，明确在科技成果转化过程中的责任主体、责任范围、免责范围、免责方式等。

第五条（对象）本指引适用于纳入本次创新改革试点的单位，以及其参与科技成果转化业务及管理、服务、决策等活动的科研人员（科技成果完成人）、管理人员、领导人员（统称"成果转化参与人员"）。其他科研事业单位可参照执行。

第六条（尽职免责范围）成果转化参与人员根据法律法规和本单位依法制定的规章制度，开展科技成果转化工作，履行了民主决策程序、合理注意义务和监督管理职责的，即视为已履行勤勉尽责义务。符合以下情形之一的，不予追究相关人员决策失误责任。

（一）科研人员在完成科技成果之后，及时向本单位披露科技成果情况，经审核后，认为不应以试点单位名义申请、登记知识产权，据此放弃申请、登记知识产权导致单位利益受损的。

（二）管理人员和领导人员已经按照相关规定履行了通知、告知、公示等程序，仍因对已经授权的科技成果进行放弃，导致试点单位利益受损的。

（三）管理人员和领导人员在科技成果转化过程中，虽已履行关联交易相关规定程序，但仍因科研人员在成果转化中存在关联交易导致试点单位利益受损的。

（四）管理人员和领导人员通过技术交易市场挂牌交易、拍卖等方式确定价格，或者通过协议定价并在本单位及技术交易市场公示拟交易价格，但科技成果后续产生较大的价值变化，导致试点单位利益受损的。

（五）管理人员和领导人员在赋予科研人员职务科技成果所有权中，对于协议约定取得成果转化收益情形的，按照规定程序将赋权成果转让给全资国有企业及科研人员，因创业企业经营不善或创业失败，导致单位国有资产减损或无法收回收益的。

（六）管理人员和领导人员在赋予科研人员职务科技成果长期使用权或所有权过程中，按照规定程序将赋权成果许可或转让给科研人员，因科研人员创业失败，导致单位无法收回收益的。

（七）管理人员和领导人员在科技成果转化过程中，虽已履行公示等相关规定程序，仍因科技成果转化活动引起科技成果权属争议、奖酬分配争议，给单位造成纠纷或不良影响的。

（八）按照国家和本市科技成果转化改革试点要求，管理人员和领导人员探索科技成果转化的具体路径和模式，先行先试开展科技成果转化活动，仍给试点单位造成损失的。

（九）在推动科技成果转化过程中，科研人员、管理人员和领导人员依法按照规章制度、内控机制、规范流程开展其他有利于试点单位开展科技成果转化活动，仍给试点单位造成其他损失或不良影响的。

第七条（负面清单）职务科技成果有以下相关情形之一的，不可赋权。

（一）职务科技成果可能影响国家安全、国防安全、公共安全、经济安全、社会稳定等事关国家利益和重大社会公共利益。

（二）职务科技成果涉及国家秘密，在解密或降密之前。

（三）职务科技成果未严格遵守科技伦理规定，无法确保科技成果转化应用安全可控。

（四）职务科技成果不具备权属清晰、应用前景明朗、承接对象明确、转化意愿强烈等条件。

成果转化参与人员在改革试点中不得有以下相关行为：

（一）从事科技成果转化的科研人员违反科学道德、科技伦理和职业道德规范，未严格执行科学技术保密要求，未经试点单位允许利用职务科技成果创办企业。

（二）从事科技成果转化的科研人员，将职务科技成果及其技术资料和数据占为己有，侵犯试点单位的合法权益；或者以唆使窃取、利诱胁迫等手段侵占他人科技成果，侵犯他人合法权益。

（三）参与科技成果转化的领导人员、管理人员违反科学道德、科技伦理和职业道德规范，或利用职务之便，干扰或阻碍科技成果转化工作，或擅自披露、使用或转让科技成果的关键技术。

（四）成果转化参与人员玩忽职守、以权谋私。以任何名目和理由向科技成果转化实施者索要或收受可能影响成果评价与转化行为的礼品、礼金（含有价券）和礼物或提供有偿服务；或利用职权或职务上的影响，为配偶、子女及其配偶等亲属和其他特定关系人员在科技成果转化行为中提供便利和优惠条件；或在医疗卫生机构后续成果转化产品进入本单位销售或使用过程中，存在滥用职权、违规审批、违规采购等行为。

（五）承担科技成果转化业务的领导人员、管理人员，违反任职回避和履职回避等相关规定。

第八条（尽职调查）试点单位需建立尽职免责启动程序和规则，在开展尽职免责调查时，应

以事实为依据，以制度规定和法律法规为准绳，认真细致开展调查，客观公正收集证据材料，充分听取各方面意见建议，科学作出尽职免责认定结论。

第九条（指引解释）本指引由上海市科学技术委员会、上海市教育委员会、上海市卫生健康委员会予以解释。

第十条（实施期限）本指引在实施方案有效期内施行。

附件 2 上海市职务科技成果单列管理操作指引

第一条（依据）为落实《"十四五"技术要素市场专项规划》等文件精神，按照政府会计准则制度相关要求，结合本市实际情况，制定本指引。

第二条（目的）探索形成与科技成果转化规律相适应的国有资产管理模式，引导试点单位相关部门统筹协同，建立切实可行的单位职务科技成果专门管理制度和监管机制，确保不会造成重大违法违规风险和资产损失风险。

第三条（原则）试点单位自行研究开发形成的科技成果，并形成专利权、非专利技术等无形资产，属于国有资产。试点单位享有科技成果管理自主权，在满足政府会计准则制度相关要求基础上，遵循科技成果转化规律，合理合规科学开展科技成果单列管理。

第四条（主体）本指引适用于纳入本次创新改革试点的单位。试点单位应强化主体责任，落实技术转移机构（部门）牵头，协调科研、财务、国资、纪检等部门，根据职务科技成果的研究和开发特点及属性，对科技成果进行台账管理，对无形资产开展资产确认、使用、处置等过程管理。其他科研事业单位可参照执行。

第五条（范围）本指引所称科技成果的形式包括专利权、软件著作权、植物新品种权、集成电路布图设计专有权等按法律程序已申请取得相关知识产权的成果（统称"授权成果"），也包括专利申请权、专有技术等尚未申请但由试点单位享有权利的成果（统称"未授权成果"）。

第六条（成果披露）科技成果完成人应及时向试点单位技术转移机构（部门）披露科技成果，披露的信息包括科技成果基本信息、研究开发情况、市场应用前景等。利用财政资金等单位外部资金设立的科研项目，应提交科研计划项目合同及任务书等材料，利用单位自有资金设立的科研项目，应提交研发计划书等材料。

第七条（审核登记）技术转移机构（部门）对该科技成果进行审核，审核通过的予以登记，并对成果属性、成果阶段、转化状态等信息进行台账标记。

科技成果台账标记可包括以下内容：属性标记包括授权成果、未授权成果；阶段标记分为研究阶段、开发阶段、无法区分研究或开发阶段；转化状态标记分为未转化、意向转化、已转化，其中已转化还可以根据技术迭代、多次许可等特点标记转化频次。

第八条（阶段分类）科技成果在进行所处阶段标记时，可从以下方面实施。

（一）研发活动起始点判断。技术转移机构（部门）可根据项目进展情况判断科技成果开展研发活动的起始点。例如，利用财政资金等设立的科研项目，可以将立项之日作为起点；利用其他企事业单位资金设立的科研项目，可以将合同签订之日作为起点；利用试点单位自有资金设立的科研项目，可以将单位决策机构批准同意立项之日，或科研人员将研发计划书提交单位科研管理部门审核通过之日作为起点。

（二）开发阶段判断。根据《政府会计准则制度解释第 4 号》的规定，当科技成果同时满足进入开发阶段条件时，试点单位可以认定该科技成果进入开发阶段。在认定过程中应当有相关证据支持作为辅助判断，如以科技成果转化为目的技术评估报告、对科技成果有明确受让单位或转化意向合同、技术合同登记证明、本市技术交易场所出具的技术交易凭证等相关证明材料。

在没有明确证据无法进行开发阶段判断的，则认定为研究阶段。

第九条（分类管理）试点单位技术转移机构（部门）可依据以下情形进行分类标记管理，财务部门依据成果阶段的分类标记进行财务记账处理。

（一）未获知识产权证书或已获知识产权证书，但无明确转化意向的成果，标记为研究阶段。

（二）有明确转化意向或签订转化合同等同时满足开发阶段条件的成果，标记为开发阶段。

第十条（资产价值确认）科技成果处于研究阶段时，不确认无形资产，发生的支出由财务部门根据科技成果完成人的申请，直接计入当期费用。科技成果进入开发阶段后，发生的支出先按合理方法进行归集，如果最终形成无形资产的，应当确认为无形资产；如果最终未形成无形资产的，应当计入当期费用。科技成果尚未进入开发阶段，或确实无法区分研究阶段支出和开发阶段支出，但按法律程序已申请取得无形资产的，应将依法取得时发生的注册费、聘请律师费等费用确认为无形资产。

第十一条（资产处置）科技成果处于开发阶段或因成果转让致使试点单位不再拥有权利的，由技术转移机构（部门）核实转化履约情况、权属变更原因、成果法律状态等情况，交财务部门进行无形资产账务处理。

科技成果完成人放弃维持或因其他原因主动放弃权利的科技成果，由技术转移机构（部门）进行公示，公示期满即为自动放弃。完成人申请放弃的科技成果已经确定为无形资产的，由技术转移机构（部门）审核后，交财务部门进行无形资产账务处理。

第十二条（定期机制）试点单位技术转移机构（部门）加强科技成果国有资产的常态化管理，并与财务、国资等部门形成定期处理机制，每年固定时间前将上一年度的科技成果国有资产情况报送财务、国资等部门集中处理。

第十三条（服务委托）本市技术交易场所应发挥技术权益登记服务平台功能，在进场交易科技成果阶段分类、资产价值确认、资产处置等环节，提供科技成果确权、确价等方面的交易支撑，其出具的进场交易相关专有技术或专利申请确权凭证、公示证明、交割凭证、评价报告等，可作为试点单位科技成果单列管理的过程材料。

鼓励第三方专业技术转移机构为科技成果单列管理提供服务，通过收取服务费用、服务换股权等方式，开展专利申请前成果披露、转化价值评估、转化路径设计、知识产权保护、技术投融资等服务，或开展专利等科技成果的集中托管运营。

第十四条（包容监管）单位内部纪检、审计会同财务、国资等部门应以是否符合中央精神和改革方向、是否有利于促进高质量科技成果服务经济发展，作为对科技成果转化活动的定性判断标准，实行审慎包容监管，并配合技术转移机构（部门）建立职务科技成果单列管理制度，确保不会造成重大违法违规风险和资产损失风险。在试点单位开展国有资产管理和接受外部监管时，单列反映有关科技成果资产管理的情况。

第十五条（指引解释）本指引由上海市科学技术委员会、上海市教育委员会、上海市卫生健康委员会、上海市财政局予以解释。

第十六条（实施期限）本指引在实施方案有效期内施行。

浙江省第十四届人民代表大会常务委员会
公告第 6 号

《浙江省科学技术进步条例》已于 2023 年 9 月 28 日经浙江省第十四届人民代表大会常务委员会第五次会议修订通过，现予公布，自 2023 年 12 月 1 日起施行。

浙江省人民代表大会常务委员会

2023 年 9 月 28 日

浙江省科学技术进步条例

（1997 年 11 月 12 日浙江省第八届人民代表大会常务委员会第四十次会议通过 根据 2002 年 4 月 25 日浙江省第九届人民代表大会常务委员会第三十四次会议《关于修改〈浙江省科学技术进步条例〉的决定》修正 2011 年 5 月 25 日浙江省第十一届人民代表大会常务委员会第二十五次会议第一次修订 2023 年 9 月 28 日浙江省第十四届人民代表大会常务委员会第五次会议第二次修订）

目　录

第一章　总则

第一条　为了全面促进科学技术进步，提高科技自立自强能力，促进科技成果向现实生产力转化，推动科技创新支撑和引领经济社会高质量发展，建设高水平创新型省份和科技强省，根据《中华人民共和国科学技术进步法》和其他有关法律、行政法规，结合本省实际，制定本条例。

第二条　本省行政区域内从事科学技术进步以及相关服务和管理等活动，适用本条例。

第三条　坚持中国共产党对科学技术事业的全面领导。

科学技术进步工作应当面向世界科技前沿、面向经济主战场、面向国家重大需求、面向人民生命健康，坚持科技创新在现代化建设全局中的核心地位，把科技自立自强作为发展的战略支撑，深入实施创新驱动发展战略和科教兴省战略、人才强省战略，坚持教育发展、科技创新、人才培养一体推进，建设科技创新高地和创新策源地。

第四条　县级以上人民政府应当加强对科学技术进步工作的组织和管理，将科学技术进步工作纳入国民经济和社会发展规划纲要，制定科技创新发展规划，统筹本地区重大科技发展布局和资源配置，健全科技管理体制和政策体系，完善协调推进机制和考核评价体系，保障科学技术进步与经济社会发展相协调。

第五条　省科学技术主管部门负责全省科学技术进步工作的宏观管理、统筹协调、服务保障和监督实施。设区的市和县（市、区）科学技术主管部门负责本行政区域内的科学技术进步工作。

其他有关部门在各自职责范围内，负责有关的科学技术进步工作。

科学技术协会协助科学技术主管部门做好科学技术进步相关工作。

第六条　省科学技术主管部门应当会同省有关部门依托一体化智能化公共数据平台，统筹建设全省统一的科学技术数字化应用系统，推动科学技术工作数据归集、共享与分析研判，实行科技计划项目管理、科技成果管理与转化、监督检查、考核评价等全链条业务协同、系统集成，提升科技治理能力。

第七条　省人民政府设立浙江省科学技术奖，对在科学技术进步活动中做出重要贡献的组织和个人给予奖励。浙江省科学技术奖应当优化评审规则、标准和程序，强化政策激励导向，聚焦重点发展领域和基础研究领域，促进重大技术创新和科技成果推广应用。

鼓励社会力量依法设立科学技术奖项，对在科学技术进步活动中做出贡献的组织和个人给予奖励。

第八条　本省建立健全科技安全工作协调机制，加强科学技术研究、开发和应用活动中的安全管理，强化重点产业链供应链安全保障，预防和化解科学技术领域安全风险。

第九条　本省推动构建长三角科技创新共同体，加强与其他省、自治区、直辖市的科技创新合作协调。

县级以上人民政府应当结合当地实际，按照战略协同、高地共建、开放共赢、成果共享原则，与长三角区域共建高水平创新高地和重大科技基础设施集群，推动科技政策衔接联动、科技资源开放共享、科技成果普惠共享。

第二章 基础研究、应用研究与成果转化

第十条 省人民政府应当组织实施科技创新体系建设工程，重点建设"互联网＋"、生命健康、新材料等科技创新高地，加强战略性新兴产业和未来产业领域的基础研究、应用研究和成果转化。

第十一条 本省建立健全基础研究体系，促进基础研究、应用研究与产业技术创新融通发展，优化基础研究发展机制，提升原始创新能力。

省科学技术主管部门应当会同省有关部门根据省科技创新发展规划，制定基础研究发展规划，开展基础研究重大项目可行性论证和遴选评估，有组织地推进战略导向的体系化基础研究、前沿导向的探索性基础研究、市场导向的应用性基础研究。

第十二条 省人民政府应当统筹重大科技基础设施布局，协调重大科技基础设施的建设和运行，引导社会力量投资建设重大科技基础设施。

发展改革、科学技术、自然资源等部门应当按照各自职责，加强重大科技基础设施建设，并在土地要素保障等方面给予支持。

第十三条 省人民政府和有关设区的市、县（市、区）人民政府应当支持高等学校加强重点基础学科建设和基础研究人才培养，建设基础学科研究机构，整合提升优势特色学科，推动学科交叉融合和跨学科研究，增强基础研究自主布局能力。

高等学校应当结合实际，按照规定统筹安排一定比例的学科建设经费用于基础研究。

第十四条 省人民政府应当稳步增加基础研究财政投入，建立稳定支持和竞争性支持相结合的基础研究投入机制，构建多元化基础研究投入体系。

有条件的设区的市、县（市、区）人民政府应当结合本地区经济社会发展需要，合理确定基础研究财政投入。

鼓励企业加大基础研究投入。企业投入基础研究的研究开发费用达到一定数额的，按照规定享受财政补贴等政策优惠。

鼓励社会力量通过设立基金、捐赠等方式多渠道投入基础研究，并按照国家和省有关规定享受政策优惠。

第十五条 省人民政府设立自然科学基金，资助开展基础研究、应用基础研究和前沿技术研究，支持科学技术人才培养和团队建设，增强原始创新能力和关键核心技术供给能力。

设区的市人民政府、有条件的县（市、区）人民政府以及企业、行业协会等社会力量可以按照规定与省自然科学基金联合出资设立有关基金。

第十六条 本省建立和完善科研攻关协调机制，完善重大项目立项和组织实施方式，加强项目、人才、基地、资金一体化配置，推动产学研用紧密合作，推进关键核心技术自主可控，促进创新链产业链资金链人才链深度融合，保障产业链供应链安全。

第十七条　本省建立和完善关键核心技术攻关机制，根据国家和省重大战略科技任务以及前沿技术需求，系统布局具有前瞻性、战略性的重大项目，编制创新链技术路线图，统筹各种资源开展关键核心技术攻关。

设区的市、县（市、区）人民政府应当围绕本地区产业需求，针对制约产业发展的关键核心技术组织实施攻关，推动产业转型升级。

支持科学技术研究开发机构（以下简称研究开发机构）、高等学校、企业开展面向国家战略和经济发展需求的技术攻关项目，取得原创科技成果和自主知识产权。

第十八条　本省加强农业科技创新体系建设，围绕现代农业生物技术、绿色智慧高效农业生产技术、农产品质量安全与生命健康等重点方向开展农业关键核心技术攻关，加强农业种质资源保护和利用，强化重点农业科技创新平台建设，支持农业新品种、新技术、新装备的研究开发、应用和推广，加强农业科技园（区）、特色农业科技示范基地和育种基地建设，加快农业科技成果转化和产业化。

县级以上人民政府应当完善农业技术推广体系，创新发展科技特派员制度，引导农业技术推广机构与农业技术研究开发机构、农村群众性科学技术组织为农业科技创新创业、农业技术推广提供指导和服务，为农业从业人员提供科学技术培训和指导。

第十九条　县级以上人民政府及其有关部门应当支持研究开发机构、高等学校、企业制定和实施技术标准战略，建立科技研究与标准研究同步、科技成果应用推广与标准制定同步、科技成果产业化与标准实施同步的工作机制，推动科技成果形成国际标准、国家标准、行业标准、地方标准，促进科技创新与技术标准协调发展。

对主导或者参与制定（修订）国际标准、国家标准、行业标准、地方标准的单位，应当按照国家和省有关规定给予奖励或者资助。

第二十条　县级以上人民政府应当依照《中华人民共和国促进科技成果转化法》《浙江省促进科技成果转化条例》等法律、法规的规定，建立健全以市场为导向的科技成果转化机制，强化人员、经费、项目等保障，为科技成果转化创造良好环境。

省科学技术、知识产权、经济和信息化等部门应当培育和发展技术市场，推动技术市场和知识产权交易平台融合发展，建立健全全省统一、线上线下结合、与全国技术交易网络互联互通的技术市场体系。

第二十一条　利用财政性资金设立的应用类科技计划项目，应当在立项时约定项目承担者的科技成果转化义务和转化期限。项目承担者在约定期限内未实施转化且无正当理由的，项目主管部门可以将科技成果在技术市场信息网络等平台上予以发布，并可以按照有关规定以有偿或者无偿的方式许可他人实施。具体办法由省科学技术主管部门会同省有关部门制定。

第二十二条　省科学技术主管部门应当会同省有关部门建立科技成果先试用后转化制度，鼓励和引导研究开发机构、高等学校等单位将职务科技成果通过约定先免费试用再有偿转化的方式实施转化，支持企业承接转化科技成果，提升科技成果转化效果。具体办法由省科学技术主管部门会同省有关部门制定。

第二十三条　县级以上人民政府应当推动技术转移转化综合服务平台建设，提供科技成果转化政策指导、信息查询和发布、技术咨询、技术交易、成果孵化、科技金融等一站式服务。

鼓励和支持研究开发机构、高等学校、企业和社会力量投资建设概念验证中心、小试中试基地和检验检测机构，为科技成果的技术概念验证、投产前试验或者试生产以及产品检验检测等活动提供服务。

第二十四条　科学技术、教育、财政、农业农村、卫生健康、国有资产监督管理等部门和机构应当按照各自职责，优化职务科技成果产权管理方式，支持研究开发机构、高等学校等单位的职务科技成果实行单列管理，推动符合规定条件的职务科技成果不纳入国有资产保值增值考核范围。

研究开发机构、高等学校等单位可以赋予科学技术人员职务科技成果所有权或者长期使用权。

第二十五条　省经济和信息化主管部门应当会同财政等部门定期发布首台（套）装备、首批次产品、首版次软件的推广应用指导目录，建立健全激励保障机制，通过建立示范应用基地等方式，支持创新产品的推广应用。

政府采购的采购人经依法批准，可以通过非公开招标方式，采购达到公开招标限额标准的首台（套）装备、首批次产品、首版次软件。

县级以上人民政府及其有关部门应当加大政府重大工程和投资项目招标中首台（套）装备、首批次产品、首版次软件的采购力度，提高采购份额。

支持商业保险、融资担保等机构按照市场化原则，扩大优质创新产品承保、担保范围。

第三章　企业科技创新

第二十七条　县级以上人民政府应当强化企业科技创新主体地位，建立健全以企业为主体、市场为导向、产学研用深度融合的创新体系，促进各类创新要素向企业集聚，提高企业创新能力，推动企业成为技术创新决策、科研投入、组织科研和成果转化的主体。

县级以上人民政府应当建立健全科技型企业梯次培育机制，完善企业创新成长链，加强对高新技术企业、科技型中小微企业、专精特新企业等的扶持力度，培育具有核心竞争力的科技领军企业，发挥科技领军企业的创新带动作用。

第二十八条　发展改革、经济和信息化、科学技术、农业农村、卫生健康等部门应当完善以市场为导向的科技计划项目立项机制，支持企业承担科技计划项目。

对利用财政性资金设立的、具有市场应用前景的科技计划项目，县级以上人民政府及其有关部门应当优先支持企业牵头承担。

第二十九条 发展改革、经济和信息化、科学技术等部门应当支持企业创新产学研用合作模式，支持设立企业研究院、企业技术中心、工程研究中心等内设研究开发机构，增强企业自主创新能力。

第三十条 县级以上人民政府及其有关部门应当采取有效措施，支持企业与研究开发机构、高等学校、行业协会组建创新联合体，共同开展产业共性技术研究开发和关键核心技术攻关，协同推进研究开发与科技成果转化。

第三十一条 国有资产监督管理机构以及其他履行出资人职责的部门和机构应当建立以鼓励科技创新为导向的国有企业考核评价机制，推动国有企业增加研究开发投入，将研究开发经费投入、创新人才引育、创新平台建设等体现创新成效的指标纳入国有企业负责人业绩考核范围，将研究开发经费投入视同企业业绩利润。

制造类国有企业应当加大研究开发投入，适当提高研究开发经费投入所占营业收入的比重。

对国有企业的重要技术人员和科技创新管理人员，可以通过超额利润分配、项目跟投等方式给予激励。

第三十二条 县级以上人民政府及其有关部门应当依照《浙江省民营企业发展促进条例》等法律、法规的规定，为民营企业研究开发和成果转化提供基础条件、技术服务支撑，保障民营企业平等享受国家和省鼓励科技创新以及支持科技成果转移转化和推广的相关政策，提升技术创新能力和核心竞争力。

第三十三条 县级以上人民政府及其有关部门应当依照《中华人民共和国中小企业促进法》《浙江省促进中小微企业发展条例》等法律、法规的规定，制定分层分类的扶持政策，坚持普惠服务与精准服务相结合，支持中小微企业技术创新与成果转化。

第三十四条 企业开发新技术、新产品、新工艺发生的研究开发费用，按照国家有关规定享受税前列支并加计扣除等税收优惠。

对研究开发费用达到一定规模和强度的企业，按照有关规定给予资金以及土地、能耗指标等支持。

第四章 科学技术研究开发机构

第三十五条 省人民政府应当建立和完善高效、协同、开放的科学技术研究开发体系，在重点发展领域统筹建设省实验室和省重点实验室，支持争创和建设国家实验室、全国重点实验室，培育壮大以新型实验室体系为骨干的战略科技力量，开展战略性、前瞻性、系统性的基础研究和关键核心技术攻关。

第三十六条　县级以上人民政府及其有关部门应当围绕构建和完善现代产业技术体系，支持技术创新中心、产业创新中心、制造业创新中心、工程研究中心等创新平台建设，形成梯次发展、多元协同、产学研用深度融合的技术创新平台体系。

第三十七条　省人民政府及其有关部门应当按照规定采取下列支持措施，推进省实验室的建设和发展：

（一）持续稳定的资金支持；

（二）研究方向选择、科研立项、人才引进培养、科研成果处置和经费使用等方面的自主权；

（三）相应职称和人才计划的自主评审权；

（四）按照规定自行采购科研急需的仪器设备；

（五）建立博士后科研工作站；

（六）联合研究开发机构、高等学校共同培养硕士、博士研究生；

（七）符合条件的高层次人才可以按照规定享受市场化薪酬等待遇。省实验室所在设区的市和县（市、区）人民政府应当按照管理权限，采取措施支持省实验室的建设和发展。

第三十八条　县级以上人民政府应当培育和建设投资主体多元化、管理制度现代化、运行机制市场化、用人机制灵活的新型研究开发机构，并通过委托研究开发项目、提升科研条件、引进人才团队以及资金补助等形式给予扶持，支持其融合开展科学研究、技术创新和研发服务。

新型研究开发机构在科研项目承担、职称评聘、人才引进、建设用地、投资融资等方面，按照有关规定适用国有研究开发机构政策。

新型研究开发机构的认定和管理办法，由省科学技术主管部门会同省有关部门制定。

第三十九条　研究开发机构、高等学校应当根据国家战略和本省需求，承担基础研究、应用基础研究以及重大技术攻关项目。

对从事基础研究、应用基础研究、前沿技术研究、社会公益性技术研究的研究开发机构、高等学校，县级以上人民政府及其有关部门应当在经费和科研条件保障等方面给予支持。

第四十条　科学技术主管部门应当会同有关部门建立符合研究开发机构特点和科研规律的评价机制，采取灵活多样的考核方式开展工作绩效评价。

第四十一条　县级以上人民政府及其有关部门应当采取措施，支持研究开发机构与高等学校科教融合，联合培养不同学历层次的科技创新人才。

第五章　科学技术人员

第四十二条　县级以上人民政府应当制定和实施科学技术人才发展规划，建立健全科技创新人才培养、引进、使用、评价、交流、激励保障等制度，营造尊重人才、公正平等、保障有力的环境。

县级以上人民政府、有关部门应当建立系统性、梯次化的科技创新人才体系，制定紧缺人才培养和引进计划，加强战略科学家、科技领军人才和创新团队、青年科技人才、卓越工程师、大国工匠、高技能人才以及科技创新后备人才等各类科学技术人才的培养和引进。

第四十三条 县级以上人民政府有关部门以及研究开发机构、高等学校、国有企业等单位应当完善青年科学技术人员培养机制，通过项目单列等方式，适当提高青年科学技术人员担任重点科技任务、重点平台基地、重点攻关项目负责人和享受基本科研经费资助等方面的比例。

省自然科学基金设立杰出青年科学基金项目，用于资助优秀青年科学技术人员开展科学技术研究，并逐步提高资助力度和资助规模。

第四十四条 县级以上人民政府及其有关部门应当采取措施，支持企业与研究开发机构、高等学校、职业院校、技工院校等联合设立产业学院、实训基地，联合培养专业技术人才和高技能人才。

鼓励企业建设高技能人才培养平台，通过技能人才自主评审等方式，自主培养高技能人才。

职业院校、技工院校应当联合企业设置与技术创新、工艺改造、产业升级相适应的课程，加强对高技能人才的培训，促进高技能人才知识更新和技能提升。

第四十五条 县级以上人民政府及其有关部门应当按照科学技术活动的特点，坚持以创新价值、能力、贡献为导向，完善科学技术人才分类评价标准和方式，对基础研究等方面人才的评价周期可以适当延长。

对从事技术开发和成果转化的科学技术人员，县级以上人民政府及其有关部门和用人单位应当将科技成果转化情况作为职称评聘、岗位聘用、项目申报和成果奖励的重要依据。

第四十六条 研究开发机构、高等学校等的科学技术人员可以按照国家有关规定，从事兼职、挂职或者参与项目合作，并依法取得收入报酬。

鼓励研究开发机构、高等学校等的科学技术人员按照国家有关规定，在职创办企业或者离岗创业。

对科学技术关键岗位和重大科研项目负责人，鼓励实行国内外公开招聘，并实行项目化管理。

第四十七条 研究开发机构、高等学校、企业应当建立以增加知识价值为导向的分配制度，灵活采用年薪制、协议工资制、项目工资制等方式，提高科学技术人员待遇水平，并对做出突出贡献的科学技术人员给予优厚待遇和褒扬激励。

事业单位绩效工资分配应当向关键创新岗位或者做出突出贡献的科学技术人员、创新团队和一线优秀人才，以及从事基础研究等研究开发周期较长的科技创新人才倾斜。

鼓励企业采用股权、期权、分红等方式对科学技术人员进行激励，激发科学技术人员创新活力。

第四十八条 县级以上人民政府及其有关部门应当为科学技术人员在企业设立、项目申报、科研保障、职称评聘、成果转化等方面提供政策支持，在落户、住房安置、子女教育、医疗保障、配偶就业、证照办理、出境入境等方面提供便利化服务。

研究开发机构、高等学校、企业等单位按照国家有关规定建立孕哺期女性科学技术人员特殊保障机制，并可以通过实行弹性工作制、设立母婴室、提供儿童托管服务等方式，为科学技术人员创造生育友好型工作环境。

第四十九条　科学技术人员应当大力弘扬科学精神和爱国、创新、求实、奉献、协同、育人的科学家精神，在科学技术活动中遵守学术规范，恪守职业道德，诚实守信。

第六章　大型科学仪器设施开放共享

第五十条　省人民政府应当建立大型科学仪器、设施开放共享制度。

省科学技术主管部门应当会同省有关部门建立全省统一的大型科学仪器、设施数字化开放共享平台，提供信息查询、需求发布、预约使用等服务，推动大型科学仪器、设施资源的开放共享。

第五十一条　利用财政性资金或者国有资本购置的大型科学仪器、设施，除涉及国家秘密、商业秘密或者重大公共安全外，应当纳入省大型科学仪器、设施数字化开放共享平台，向社会开放。

鼓励利用非财政性资金或者非国有资本购置的大型科学仪器、设施纳入开放共享平台并向社会开放；纳入开放共享平台并向社会开放的，其所有人或者管理人可以在申请共享使用等方面享受优惠待遇。

鼓励有关单位通过共享的方式使用大型科学仪器、设施。

第五十二条　省科学技术主管部门应当会同省有关部门采取措施，支持大型科学仪器、设施开放共享，并对开放共享情况进行分类考核和评估，公布考核和评估结果；考核和评估结果优秀的，给予政策、资金等方面的支持。具体考核和评估办法由省科学技术主管部门会同省有关部门制定。

利用财政性资金或者国有资本购置大型科学仪器、设施的单位，应当建立大型科学仪器、设施开放共享管理制度，接受社会监督和有关部门的考核、评估。

第五十三条　科学技术、财政等部门应当按照统筹规划、突出共享、优化配置、综合集成、政府主导、多方共建的原则，统筹大型科学仪器、设施购置，健全以财政性资金或者国有资本为主购置大型科学仪器、设施的联合评议工作机制，提高资金使用效益。

第五十四条　提供大型科学仪器、设施开放共享服务的单位应当建立健全实验技术人员岗位管理、技术培训、考核评价、激励保障等制度，并将共享服务工作业绩作为工作考核和评奖评优的内容。

第五十五条　省科学技术主管部门应当参与建立健全长三角区域大型科学仪器、设施开放共享合作机制，推动建设和完善长三角区域大型科学仪器、设施开放共享平台，在购置建设评议、服务规则制定、服务信息互通、开放共享评价等方面加强协作，促进大型科学仪器、设施跨区域开放共享。

省大型科学仪器、设施数字化开放共享平台应当与长三角区域开放共享平台互联互通，为长三角区域大型科学仪器、设施跨区域开放共享提供便利服务。

推动完善长三角区域科技创新券通用通兑机制，发挥科技创新券在长三角区域大型科学仪器、设施开放共享中的引导和促进作用。

第七章　区域科技创新

第五十六条　本省建立健全区域科技创新体系，优化科技创新空间布局，支持建设综合性国家科学中心和区域科技创新中心，加强科创走廊建设，推进创新型城市群、国家自主创新示范区、高新技术产业开发区建设，促进区域创新协调发展。

县级以上人民政府及其有关部门应当根据本地区产业特点，探索以科技创新为核心的发展模式，集聚创新资源，推广新型产学研用合作模式，提升区域创新能力，建设创新型城市和创新型县（市）。

第五十七条　省人民政府应当统筹科创走廊布局，建设错位发展、功能互补、要素自由流动的科创走廊，推动跨区域一体化创新，发挥科创走廊创新引领、辐射带动和开放合作的作用。

县级以上人民政府应当建立健全科创走廊建设管理服务工作机制，引导创新要素向科创走廊集聚，推动科创走廊间的合作交流与联动发展，并在创新平台布局、主导产业培育、人才队伍建设、创新生态营造等方面给予支持。

第五十八条　省人民政府及其有关部门应当制定和完善支持国家自主创新示范区和国家、省高新技术产业开发区发展的措施，建立以亩均研发投入为核心的评价指标体系，在产业项目布局、基础设施建设、人才队伍建设、公共服务配套和资金投入等方面给予支持。

第五十九条　省人民政府应当建立区域科技创新合作和互助机制，优化区域科技创新发展布局，推进区域科技创新协调发展。

本省支持山区、海岛县（市、区）科技创新，通过单列科技计划项目、实施科技攻关项目、选派工业科技特派团、建设"科创飞地"和"产业飞地"、分类考核等措施，引导技术、人才、信息等要素向山区、海岛县（市、区）转移。

第六十条　省人民政府应当完善开放包容、互惠共享的国际科学技术合作与交流机制，健全产业技术研发国际合作机制，参与"一带一路"科技创新行动计划，加强国际化科研环境建设，融入全球科技创新体系。

鼓励设立海外研究开发机构、创新孵化中心、联合实验室，开展国际科技创新交流合作，支持研究开发机构、高等学校、企业、科学技术人员发起或者参与国际科学技术组织、国际大科学计划和大科学工程，提升创新资源国际配置能力。

境外的研究开发机构、高等学校、企业、学术团体、行业协会等组织，可以依法在本省独立兴办研究开发机构。

第八章　科技创新生态

第六十一条　县级以上人民政府应当完善科技经费保障机制，建立政府投入为引导、企业投入为主体、社会资本广泛参与的多层次、多元化科技投入体系，推动全社会科学技术研究开发经费逐步提高，并与建设高水平创新型省份和科技强省相适应。

县级以上人民政府财政性科学技术资金的增长幅度应当高于财政经常性收入的增长幅度。

财政性科学技术资金用途按照国家和省有关规定执行。

第六十二条　县级以上人民政府及其有关部门应当完善科技计划项目管理系统，健全项目评审制度，优化项目申报和过程管理，探索开展科研经费包干制和项目经费负面清单管理，提升管理质量和效益。

财政、科学技术等部门应当完善科技计划项目资金分配、拨付、使用和管理制度，优化办事流程，及时拨付项目资金，提高资金配置效率和使用效益。

第六十三条　县级以上人民政府及其有关部门应当加强科技创新服务机构建设和管理，为科学技术研究开发、科技成果转移转化提供服务。

科学技术主管部门可以通过发放科技创新券或者直接补贴等方式，支持科技创新服务机构向企业和个人提供研发检验检测、委托开发、研发设计等服务。

鼓励研究开发机构、高等学校、企业投资建设科技型企业孵化器、大学科技园等创新服务机构，强化科技创新服务功能。

第六十四条　县级以上人民政府应当建立健全促进科技创新的社会化服务体系，拓展科技创新服务链，提升科技服务业专业化、规模化、国际化水平。

科学技术、经济和信息化等部门应当支持社会力量依法创办技术评估、技术咨询、技术交易等科技中介服务机构，并加强对科技中介服务机构的业务指导和监督管理。

科技中介服务机构应当遵守法律、法规、行业规范，强化诚信管理，不得提供虚假的信息和证明，不得泄露国家秘密和委托人的商业秘密。

第六十五条　县级以上人民政府可以结合实际设立科技创新基金，完善市场化运作机制和容错机制，并通过政府引导、市场培育等方式，建立覆盖种子期投资、天使投资、创业投资等类型的科技创新基金体系。

省人民政府设立的科技创新基金，主要用于引导社会力量和设区的市、县（市、区）人民政府加大科技成果转化投入。

鼓励社会资本设立科技创新基金，投资高新技术产业、战略性新兴产业、未来产业等科技创新类产业项目，促进科技成果转化应用。

第六十六条　鼓励金融机构建立科技型企业评价体系和信贷机制，开展信用贷款、知识产权质押贷款、股权质押贷款、股债联动等融资业务。

鼓励保险机构、融资担保公司创新产品和服务，为科技型企业在产品研发、生产、销售各环节以及数据安全、知识产权保护等方面提供保险和融资担保服务。

支持科技型企业通过上市挂牌、发行债券、发行知识产权证券化产品等方式进行融资。

第六十七条 县级以上人民政府应当依照《浙江省知识产权保护和促进条例》等法律、法规的规定，制定和实施知识产权战略，完善知识产权保护制度，促进知识产权的创造和运用，激励科技创新，营造尊重和保护科技创新的社会环境。

第六十八条 各级人民政府应当依照《中华人民共和国科学技术普及法》《浙江省科学技术普及条例》等法律、法规的规定，加强科学技术普及工作，坚持科学普及与科技创新并重，组织实施全民科学素质提升行动，弘扬科学精神、科学家精神，提高全民特别是青少年科学文化素质。

第六十九条 鼓励科学技术人员自由探索、勇于承担科研风险，营造鼓励创新、宽容失败的良好氛围。

科学技术人员承担科技计划项目，原始记录等材料能够证明其已履行勤勉尽责义务仍不能完成项目的，经项目主管部门论证同意，可以给予项目结题且不影响其再次申请。

第九章　监督管理

第七十条 县级以上人民政府及其有关部门应当加强对财政性资金设立的科技计划项目的监督管理，遵循科研规律，创新监督方式，规范监督程序，开展绩效评价和跟踪评估，提升科研绩效。

第七十一条 县级以上人民政府及其有关部门应当建立健全科研诚信管理制度，完善科研诚信管理数字化系统，推动科研作风学风建设，建立对守信行为的激励和失信行为的预防、调查、认定、惩戒、修复机制。

第七十二条 省人民政府应当健全科技伦理审查评估、监督管理、教育培训等制度，完善科技伦理审查监管、风险处置、违规处理等标准和流程。

研究开发机构、高等学校、企业、医疗卫生机构等单位应当明确科技伦理风险评估和审查职责，履行科技伦理管理主体责任，不得从事违背科技伦理的科学技术研究。

第七十三条 省人民政府应当开展科学技术进步目标责任制考核，对设区的市、县（市、区）科学技术进步水平、科技创新能力以及创新创业生态等情况进行评价，按照有关规定对科技进步工作实绩突出、考核优秀的设区的市、县（市、区）予以褒扬激励。

省统计主管部门应当会同省科学技术主管部门健全科学技术进步统计监测制度，对科学技术进步状况进行统计监测、分析评价，并定期发布监测报告，作为科学技术进步考核的重要依据。

第七十四条 县级以上人民代表大会常务委员会通过听取和审议专项工作报告、开展执法检查等方式，对科学技术进步工作情况进行监督。

第十章　法律责任

第七十五条　违反本条例规定的行为，法律、行政法规已有法律责任规定的，从其规定。

第七十六条　科学技术等部门及其工作人员以及其他依法履行公职的人员在科技进步服务和管理活动中滥用职权、玩忽职守、徇私舞弊的，对直接负责的主管人员和其他直接责任人员依法给予处分。

第七十七条　研究开发机构、高等学校、企业、医疗卫生机构及其科学技术人员有下列情形之一的，由有关部门依法予以处理，记入科研诚信档案，直接负责的主管人员和其他直接责任人员在规定的期限内不得承担或者参与财政性科学技术资金支持的科学技术活动、申请相关科学技术活动行政许可：

（一）泄露国家科学技术秘密的；

（二）开展危害国家安全、损害社会公共利益、危害人体健康、违背科研诚信和科技伦理的科学技术活动的；

（三）侵犯他人知识产权的；

（四）窃取科学技术秘密的；

（五）未按照规定使用财政性科学技术资金的；

（六）在科学技术活动中弄虚作假的；

（七）法律、法规规定的其他情形。

第七十八条　受委托的组织或者个人在科技计划项目评审、科技成果鉴定或者评奖等评审活动中有下列情形之一的，记入科研诚信档案，有关部门和单位在规定的期限内不得委托其从事评审、鉴定、评奖等工作：

（一）提供虚假意见或者在学术评审中存在利益关系，影响客观、公正评审工作，造成不良后果的；

（二）泄露科学技术秘密或者评审信息的；

（三）抄袭、剽窃评审对象科技成果的；

（四）泄露商业秘密或者个人隐私的；

（五）其他违反评审规定造成不良影响的情形。

第七十九条　骗取省科学技术奖励的，由省科学技术主管部门按照规定撤销奖励，追回证书和奖金等，并依法给予处分。

科学技术奖励提名单位或者个人提供虚假数据、材料，协助他人骗取省科学技术奖励的，由省科学技术主管部门给予通报批评；情节严重的，暂停或者取消其提名资格，并依法给予处分。

第十一章　附则

第八十条　本条例关于研究开发机构、高等学校的规定，适用于政府设立的医疗卫生机构。

第八十一条　本条例自 2023 年 12 月 1 日起施行。

某些条款本书中有删减。

陕西省科学技术厅等部门关于印发《职务科技成果单列管理操作指引（试行）》的通知

各设区市、杨凌示范区教育局、科技管理部门、财政局、审计局，各有关单位：

为了贯彻落实《中共陕西省委关于深入实施创新驱动发展战略 加快建设科技强省的决定》，指导试点单位依法依规开展职务科技成果单列管理，提升科技成果转化效益，省科技厅会同省财政厅等部门制定了《职务科技成果单列管理操作指引（试行）》，现印发给你们，请结合实际推进实施。

陕西省科学技术厅　　　　陕西省教育厅

陕西省财政厅　　　　陕西省审计厅

2024 年 1 月 12 日

陕西省科学技术厅等部门关于印发《职务科技成果单列管理操作指引（试行）》的通知

职务科技成果单列管理操作指引（试行）

第一章 总 则

第一条 为推动科技成果转化"三项改革"拓面扩量提质增效，指导试点单位依法依规开展职务科技成果单列管理，提升科技成果转化效益，防范国有资产流失和重大违纪违规风险，按照《中华人民共和国促进科技成果转化法》《行政事业性国有资产管理条例》《陕西省科学技术进步条例》《中共陕西省委关于深入实施创新驱动发展战略加快建设科技强省的决定》等文件要求，制定本指引。

第二条 本指引适用于纳入"三项改革"试点的省属高等学校、科研院所等（以下简称"试点单位"）。中央在陕高等学校、科研院所可结合实际参照执行。

第三条 本指引所称的职务科技成果是指执行研究开发机构、高等学校和企业等单位的工作任务，或者利用上述单位的物质技术条件所完成的科技成果，主要体现为专利权、软件著作权、集成电路布图设计专有权、动植物新品种、新药等按法律程序已申请取得相关知识产权的成果，也包括专利申请权、专有技术、配方等尚未申请法定授权但由单位享有权利的成果。

第四条 单列管理坚持"科技成果只有转化才能真正实现创新价值，不转化是最大损失"的理念，按照"尊重规律、放管结合、权责一致、风险可控"原则开展。单列管理不改变职务科技成果的国有资产属性。探索建立一套区别于现行国有资产管理模式且符合科技成果转化规律的管理制度。

第二章 职责分工

第五条 试点单位承担职务科技成果单列管理的主体责任，成立科技成果转化领导小组，建立内部职务科技成果单列管理制度，完善内部控制机制，最大程度促进科技成果转化。

第六条 试点单位应遵循职务科技成果转化规律，建立健全职务科技成果转化重大事项领导班子集体决策制度，完善分级分类决策机制，规范成果转化程序，提高科技成果转化成效。试点单位科研部门或成果转化部门负责职务科技成果的日常登记和管理，建立单列管理台账，定期进行成果筛查评估，挖掘有价值的科技成果，按程序审查经授权的科技成果转化项目。

第七条 试点单位科研部门或成果转化部门应会同财务及国有资产管理部门负责职务科技成果转化过程中国有资产权益确认、资产价值评估监管和国有收益入账管理等工作。有条件的试点单位可选择秦创原发展股份有限公司，作为"技术托管"作价投资的持股平台，支持"技术托管"

平台为试点单位提供科技成果转化服务，代表试点单位持有、管理成果转化企业中单位所属的股权，行使股东权利，收益权归试点单位所有。

第八条　试点单位纪检监察、财务、审计等相关部门，依据职责和权限，负责单列管理决策流程、经费使用管理等方面监督工作，有效保障国有资产权益。

第三章　登记管理

第九条　职务科技成果完成人应及时向试点单位科研部门或成果转化部门披露科技成果，披露的信息包括科技成果基本信息、研究开发情况、市场应用前景等。其中，已按法律程序授权的成果应及时提供相应授权证明。

第十条　试点单位科研部门或成果转化部门应对成果登记的基本信息予以核实，核实无误的应在单列管理台账中登记相关信息并及时进行更新。主要包括：成果名称、成果类型、完成人、取得时间、转化状态、转化方式、转化价值等主要信息。

其中：成果类型主要分为已授权成果和未授权成果，已授权成果应按专利权、软件著作权等分类注明授权具体类别；转化状态主要分为未转化、意向转化、已转化；转化方式主要包括转让、许可、作价投资和其他方式；转化价值中对已转化的直接登记转化金额，未转化、意向转化的可按评估价值标记，未评估的可暂不标记。

第十一条　对建立规范、完整职务科技成果管理机制及台账的试点单位，可不再将职务科技成果按现行国有资产方式管理。

第四章　转化管理

第十二条　试点单位对持有的科技成果，可自主决定采取转让、许可、作价投资等方式转化，除涉及国家秘密、国家安全及关键核心技术外，不需报主管部门和省财政厅审批或者备案。涉及国家秘密、国家安全及关键核心技术的科技成果转让、许可、作价投资，试点单位的主管部门要按照国家有关保密制度的规定进行审批，并于批复之日起15个工作日内将批复文件报省财政厅备案。

第十三条　单列职务科技成果作价投资形成的国有股权的减持、划转、转让、退出、减值及破产清算等处置，区别于现行的国有资产管理，由试点单位自主决定，不审批、不备案，不纳入国有资产保值增值管理考核范围。纳入国有资本投资运营公司集中统一监管的，公司要按照科技成果转化授权要求，简化科技成果作价投资形成的国有股权管理决策程序，积极支持科技成果转化和科技创新。

第十四条　试点单位将科技成果转让、许可或者作价投资的，自行决定是否进行资产评估。转化过程中涉及关联交易并通过协议定价的，试点单位可委托第三方评估机构对科技成果进行资产价值评估，且转化金额不低于第三方科技成果资产价值评估结果。

关联交易包括但不限于职务科技成果转化的受让人是科技成果完成人及团队成员，或完成人及团队成员的近亲属，或完成人及团队成员、近亲属创办、参办或参股的企业、实际控制的企业、担任董监事或高级管理人员的企业等情形。

职务科技成果通过协议定价的，应在本单位公示科技成果名称和拟交易价格等信息，公示期不少于15日。

第五章　监督管理

第十五条　试点单位要加强对职务科技成果单列管理的监管，按照本指引的要求，及时制定完善单列管理制度办法，简化政策落地流程，完善科技成果转化、清产核资及退出的决策程序，及时更新科技成果台账。鼓励试点单位推行负面清单管理，明确风险边界和禁止性条款，确保单列管理后，不会造成重大违法违纪违规风险以及资产损失风险。强化主管部门、财政部门、审计部门的沟通协调，及时解决遇到的新情况新问题。

第十六条　试点单位要依托现行科技成果转化年度报告制度，及时向主管部门、科技部门和财政部门提交年度职务科技成果转化情况报告，报告内容包括职务科技成果基本情况（成果数量、类型、增减变化情况），反映职务科技成果单列管理情况，年度许可、转让、作价投资、产学研合作以及国有资产管理情况，存在突出问题和有关建议。

第十七条　试点单位相关领导和责任人员在履行勤勉尽职义务，严格执行决策程序和公示制度，没有牟取非法利益的，免除其在科技成果定价中因科技成果转化后续价值变化产生的决策责任。对在成果转化过程中，串通作弊、暗箱操作等低价处置国有资产的，依据国家有关规定进行处理。

第六章　附　　则

第十八条　本指引自发布之日起施行，施行期限为两年。此前各单位管理制度办法与本指引不一致的，应依照本指引执行。本指引相关规定，如遇国家和省级职务科技成果转化政策调整的，依最新政策执行。

四川省科学技术厅等 10 部门印发《关于全面深化职务科技成果权属制度改革的实施方案》的通知

各市（州）党委组织部，政府科技、财政、发展改革、教育、人力资源社会保障、卫生健康、国资、知识产权、机关事务管理部门，省直各部门，各有关单位：

《关于全面深化职务科技成果权属制度改革的实施方案》已经省委全面深化改革委员会第五次会议审议通过。现印发给你们，请结合实际贯彻执行。

四川省科学技术厅　　　　四川省财政厅

中共四川省委组织部　　四川省发展和改革委员会

四川省教育厅　　四川省人力资源和社会保障厅

四川省卫生健康委员会 四川省政府国有资产监督管理委员会

四川省知识产权局　　四川省机关事务管理局

2024 年 1 月 12 日

关于全面深化职务科技成果权属制度改革的实施方案（四川省科技厅）

为深入贯彻习近平总书记关于"在推进科技创新和科技成果转化上同时发力"的重要指示要求，进一步完善职务科技成果权属改革政策体系，打通科研单位科技成果转化"最后一公里"，加速科技成果向现实生产力转化，制定如下实施方案。

一、总体要求

以习近平新时代中国特色社会主义思想为指导，全面贯彻党的二十大精神，深入学习贯彻习近平总书记来川视察重要指示精神，按照省委、省政府决策部署，改革职务科技成果管理模式，完善科技成果转化机制，畅通科技成果转化通道，激发科研单位和科研人员科技成果转化积极性和主动性，让更多科技成果加速转变为现实生产力，为服务高水平科技自立自强、服务创新驱动高质量发展提供有力支撑。

力争到 2025 年，基本建立职务科技成果单列管理制度，全面构建权责清晰、有效激励的职务科技成果赋权改革制度体系，加快形成促进科技成果转化的服务体系，提炼出更多可在全国复制推广的典型经验和做法，科技成果转移转化和产业化水平实现跃升，创新驱动引领四川高质量发展的能力全面提升。

二、推广职务科技成果管理新模式

（一）建立职务科技成果单列管理制度。充分赋予科研单位科技成果管理自主权，建立职务科技成果区别于一般国有资产的管理制度，对职务科技成果进行台账管理，完善科技成果资产确认、分割确权、使用和处置等管理方式。科研单位制定本单位职务科技成果单列管理制度，完善科技成果转化、清产核资及退出的决策程序，明确科技成果管理部门职责和监管机制，可根据实际由科研管理部门负责管理职务科技成果。行政主管部门依法依规加强监督管理，严防违规违纪违法风险、资产损失风险。

（二）优化职务科技成果转化后国有资产管理。科研单位建立以作价入股等方式转化职务科技成果形成国有资产的管理办法，其减持、划转、转让、退出、减值及破产清算等处置，区别于有形的国有资产管理方式，由科研单位自主决定，不审批、不备案，不纳入国有资产保值增值管理考核范围。

三、扩大科研单位职务科技成果转化自主权

（三）扩大职务科技成果处置自主权。科研单位对其持有的职务科技成果，可以自主决定转让、许可或作价投资，取消职务科技成果备案管理程序；将其持有的职务科技成果转让、许可或

者作价投资给国有全资企业的,可以不进行资产评估;转让、许可或作价投资给非国有全资企业的,由科研单位自主决定是否进行资产评估。科研单位与职务科技成果完成人可通过签署委托授权书、赋权转化风险责任承诺书等方式,赋予完成人在职务科技成果转化中的决定权和自主权。

(四)扩大职务科技成果收益分配权。科研单位职务科技成果转化所获得的收入(包括以知识产权入股形成的国有股权收益)全部留归本单位,在对完成、转化职务科技成果作出重要贡献的人员给予奖励和报酬后,主要用于科学技术研究与成果转化等相关工作,并对技术转移机构的运行和发展给予保障,不作为非税收入上缴国库。鼓励科研单位从科技成果转化净收入中提取10% 资金作为技术创新和成果转化基金,用于支持原创科技成果的中试熟化、孵化和转化。

(五)完善职务科技成果权益分享机制。对作为职务科技成果主要完成人或对职务科技成果转化作出重要贡献的科研单位(不含内设机构)及其所属具有独立法人资格单位的正职领导,依规探索开展科技成果持股改革。对正职领导给予股权奖励的,需在本单位进行公示,经行政主管部门批准,且任职期间不得进行股权交易。

(六)允许横向科研项目结余经费出资科技成果转化。科研单位横向科研项目结余经费出资科技成果转化,视为职务科技成果转化行为,相关资产处置事项由科研单位自主决定,不审批、不备案。支持科研单位探索科研人员将横向科研项目结余经费以现金出资方式,入股或成立经所在单位批准同意、与所在单位共享成果转化收益、产权清晰的科技型企业,以"技术入股 + 现金入股 "形式进行职务科技成果转化。对于科研人员用横向科研项目结余经费出资转化的,科研人员可与所在单位约定一定收益分配比例,并向科研人员倾斜。

四、完善职务科技成果市场化转化机制

(七)支持企业投资职务科技成果转化项目。探索"创投 + 孵化 "模式,发挥政府投资引导基金作用,鼓励孵化器设立天使基金,引导风投机构、创投机构投资入股具有市场前景的实验室成果、中试研发项目。鼓励国有创投机构和创投团队跟投在川转化的中试研发和成果转化项目。鼓励企业在科技成果转化中实施"同股不同权 ",保障科研人员表决权,保护科研人员和投资者合法权益。对国有企业科技成果开展中试熟化的研发投入,在计算经济效益指标时,可视同利润加回。

(八)建设科技成果转移转化服务机构。支持科研单位建立专业化技术转移转化机构、概念验证中心、小试中试基地和成果转化孵化基地,形成"转移机构 + 实验室 + 中试机构 + 孵化器"的成果转化链条。科研单位可从成果转化净收入中提取一定比例用于奖励对科技成果转移转化作出重要贡献的工作人员和团队(含技术转移转化机构中作出重要贡献的工作人员)。从事转移转化服务的第三方机构和成果转移转化经理人根据约定,可从成果转化净收入中提取一定比例或持有一定比例科技成果转化形成的股权作为报酬。鼓励技术转移转化服务人员(包括技术经理人、技术经纪人等)以现金出资入股方式参与科技成果转移转化。

(九)建设高水平技术转移转化人才队伍。支持科研单位以市场化方式引进、聘用或联合第

三方机构培养高水平技术转移转化人才队伍，根据绩效采取灵活的内部分配制度。支持有条件的高校开设技术转移转化专业，建设产教融合基地，培养高层次技术经纪人才。支持科研单位拓宽技术转移转化人才职称评定通道，对从事科技成果转化的高校教师可纳入教学科研型或科技成果应用推广相关类别参加职称评审，对从事科技成果转化的专业技术人员纳入自然科学系列参加职称评审。

五、保障措施

（十）加强组织实施。科技、财政、机关事务管理等部门以及科研单位的行政主管部门要加强政策指导、跟踪督导、监测评估，及时完善配套政策，协调解决改革过程中遇到的新情况、新问题。科研单位要成立由资产管理、科研、财务等部门负责同志组成的领导小组，制定本单位改革实施方案并报行政主管部门。

（十一）鼓励担当作为。落实"三个区分开来"要求，健全合规尽职免予问责机制，科研单位领导和部门在勤勉尽责、没有牟取非法利益的前提下，不承担在科技成果定价中因科技成果转化后续价值变化产生的决策责任。

（十二）强化宣传推广。各有关部门要加强政策宣传和舆论引导，及时对职务科技成果权属制度改革相关政策、管理、财务等问题进行宣传辅导。要加强对典型案例、成功经验的跟踪、收集、提炼，对较为成熟的改革举措和经验，及时进行宣传推广。

支持中央在川高校、科研院所落实国家发展改革委等七部委《关于支持中央在地方单位深入参与所在地区全面创新改革试验的通知》（发改办高技〔2018〕29号）精神，积极争取中央资产管理职能部门支持，参照执行本实施方案。

本实施方案中的科研单位是指省内高校、科研院所和具有科研活动能力的医疗卫生机构；科技成果的类型包括专利权、计算机软件著作权、集成电路布图设计专有权、植物新品种权、动物新品种权，以及生物医药新品种和技术秘密等专利技术和非专利技术。

反侵权盗版声明

电子工业出版社依法对本作品享有专有出版权。任何未经权利人书面许可，复制、销售或通过信息网络传播本作品的行为，歪曲、篡改、剽窃本作品的行为，均违反《中华人民共和国著作权法》，其行为人应承担相应的民事责任和行政责任，构成犯罪的，将被依法追究刑事责任。

为了维护市场秩序，保护权利人的合法权益，我社将依法查处和打击侵权盗版的单位和个人。欢迎社会各界人士积极举报侵权盗版行为，本社将奖励举报有功人员，并保证举报人的信息不被泄露。

举报电话：（010）88254396；（010）88258888
传　　真：（010）88254397
E-mail：　　dbqq@phei.com.cn
通信地址：北京市海淀区万寿路 173 信箱
　　　　　电子工业出版社总编办公室
邮　　编：100036